••• Títulos relacionados

IFCT0209 SISTEMAS MICROINFORMÁTICOS
[DISPONIBLE CERTIFICADO COMPLETO]

Solicítalos en
• Librería
• www.paraninfo.es
• Solicitudes nacionales +34 914 463 350
• Solicitudes fuera de España +34 913 308 907
　　　　　　　　　　　　　　　+34 913 308 919

Elaboración y modificación de imágenes u otros elementos gráficos

Raquel Portugal Iglesias

© 2025 Ediciones Paraninfo, S. A.
© 2025 Raquel Portugal Iglesias

Diseño y maquetación: Ediciones Nobel, S. A.

Impresión: Liberdigital (Casarrubuelos, Madrid)
ISBN: 978-84-283-6675-5
Depósito legal: M-4157-2025

Impreso en España

Biografía

Raquel Portugal Iglesias es ingeniera informática por la Universidad de Extremadura. Ha desarrollado su labor profesional como desarrolladora de interfaces gráficos y aplicaciones para Telefónica y analista en la Administración pública.

Desde el año 2007 ejerce como docente en ciclos formativos de la familia profesional de Informática y Comunicaciones como funcionaria. En su tiempo libre, es aficionada a la fotografía.

Índice

Introducción normativa

La Ley Orgánica 3/2022, de 31 de marzo, de ordenación e integración de a Formación Profesional, contiene una disposición derogatoria única que afecta a la regulación de los certificados de profesionalidad, ahora denominados **Certificados Profesionales**. La referida normativa deroga la Ley Orgánica 5/2002, de 19 de junio, de las Cualificaciones y de la Formación Profesional, y abre un escenario de cambios que se irán implementando progresivamente.

La Ley Orgánica 3/2022, de 31 de marzo, de ordenación e integración de la Formación Profesional implica que toda la formación es acumulable. La oferta formativa se estructura de forma escalonada, siendo los Certificados Profesionales un nivel intermedio (Grado C) de una escala que va desde el Grado A hasta el E.

En los artículos 35 a 38 de la Ley 3/2022 se describe en qué consisten estos Certificados Profesionales: su oferta, formación asociada, estructura, duración, acceso, titulación y validez. Posteriormente, esta normativa se completa con lo dispuesto en el Real Decreto 659/2023, de 18 de julio, que desarrolla la ordenación del sistema de Formación Profesional. Concretamente en los artículos 67 a 81 es donde se hace referencia a la oferta formativa de Grado C, correspondiente a los Certificados Profesionales.

Están agrupados en 26 familias profesionales con características comunes del sector. En la actualidad hay más de medio millar de Certificados Profesionales incluidos en el Repertorio Nacional. Esta cifra no deja de crecer. Además, cada certificado está específicamente regulado por un real decreto.

Un Certificado Profesional corresponde al Grado C de la oferta del Sistema de Formación Profesional. Es un documento oficial, con validez en todo el territorio nacional y debe constar en el Catálogo Nacional de Ofertas de Formación Profesional, que certifica la capacitación para el desarrollo de una actividad profesional.

Debe detallar los módulos profesionales superados y los estándares de competencia profesional asociados a él e incluidos en el **Catálogo Nacional de Estándares de Competencias Profesionales**, así como su correspondencia con el Marco Español de Cualificaciones.

Despliegan su validez en un doble ámbito, laboral y académico:

- En el contexto laboral tienen validez profesional, porque acreditan las competencias en una determinada profesión. Para poder trabajar en algunas profesiones, se exigen determinadas cualificaciones, y los certificados sirven para acreditarlas.

- Asimismo, tienen validez académica, puesto que permiten continuar un itinerario formativo siempre que se cumplan los requisitos de acceso para cursar la titulación deseada. De tal modo que, los Certificados Profesionales que sean parte de un Grado D permitirán la matrícula modular para completar los módulos establecidos en el currículo y obtener el correspondiente título de técnico básico, técnico o técnico superior con validez en todo el territorio nacional.

Para obtener un Certificado Profesional (Grado C) es preciso cumplir con los requisitos de acceso para realizar la formación.

Estructura de los Certificados Profesionales

I. Identificación: denominación, familia y área profesional a la que pertenecen; nivel de cualificación profesional (1, 2 o 3); cualificación profesional de referencia; entorno profesional y módulos formativos que esté previsto cursar junto con la duración de cada uno de ellos.

II. Perfil profesional: incluye las competencias profesionales requeridas en el mercado laboral. En todas ellas se concretan las realizaciones profesionales y los criterios de realización.

III. Formación: describe los módulos formativos que esté previsto cursar para adquirir las competencias requeridas. En cada uno de ellos se indican las capacidades que se pretende alcanzar y la duración del módulo de prácticas no laborales —PNL—, para el que cabe solicitar exención si se cumplen determinados requisitos.

IV. Prescripciones de las personas formadoras.

V. Requisitos mínimos de espacios, instalaciones y equipamiento.

Los Certificados Profesionales se identifican con una denominación concreta y un código alfanumérico propio, y sirven para acreditar una determinada cualificación profesional. Cada certificado está asociado a una relación de unidades de competencia que, a su vez, se vinculan con una serie de módulos formativos específicos. Algunos módulos están integrados por unidades formativas y tanto unos como otras son, en ocasiones, transversales, lo que significa que se trata de contenidos incluidos en más de un Certificado Profesional.

Los Certificados Profesionales se articulan en tres niveles de competencia profesional (1, 2 y 3) conforme a lo dispuesto en el que será el Catálogo Nacional de Estándares de Competencias Profesionales, anteriormente Catálogo Nacional de Cualificaciones Profesionales (CNCP), según los criterios establecidos de conocimientos, iniciativa, autonomía y complejidad de las tareas, en cada una de las ofertas de Formación Profesional.

La oferta formativa dirigida a la obtención de los Certificados Profesionales tiene carácter modular para favorecer la acreditación parcial acumulable de la formación recibida y posibilitar así el avance en el itinerario de Formación Profesional para cualquiera que sea la situación laboral de cada persona en cada momento.

En definitiva, el Grado C constituye la oferta, parcial y acumulable, del sistema de Formación Profesional, de varios módulos profesionales del catálogo modular de Formación Profesional por razón de su significado en el mercado laboral y conducente a la obtención de un Certificado Profesional.

Las ofertas de Grado C de Formación Profesional tendrán por objeto módulos profesionales incluidos previamente en el catálogo modular de formación profesional y asociados al Catálogo Nacional de Estándares de Competencias Profesionales.

Finalidad de los Certificados Profesionales

- Contribuir a la ordenación de un Sistema de Formación Profesional al servicio de un régimen de formación y acompañamiento profesionales que sea capaz de responder con flexibilidad a los intereses, expectativas y aspiraciones de cualificación profesional de las personas a lo largo de su vida.

- Combinar escuela y empresa situando a la persona en el centro del sistema.

- Facilitar el aprendizaje permanente de toda la ciudadanía mediante una formación abierta, flexible y accesible, estructurada de forma modular, a través de la oferta formativa asociada al certificado.

- Acreditar las cualificaciones profesionales o las unidades de competencia recogidas en estas, independientemente de su vía de adquisición, bien sea través de la vía formativa, o mediante la experiencia laboral o vías no formales de formación.

- Favorecer, tanto a nivel nacional como europeo, la transparencia del mercado de trabajo.

- Contribuir a la calidad de la oferta de Formación Profesional.

Este libro

El presente libro desarrolla la Unidad Formativa denominada *Elaboración y modificación de imágenes u otros elementos gráficos,* UF0860.

Dicha unidad formativa está asociada a la Unidad de Competencia UC0221_2 y forma parte del Módulo Formativo MF0222_2 *Aplicaciones microinformáticas* perteneciente a la Cualificación Profesional de referencia IFC078_2, de nivel 2, incluida en el Certificado Profesional denominado *Sistemas microinformáticos,* dentro de la familia profesional Informática y Comunicaciones.

Según el Real Decreto 686/2011, de 13 de mayo, modificado por el Real Decreto 628/2013, de 2 de agosto, los contenidos que en esta obra se recogen se corresponden con una duración de 30 horas.

Tanto la estructura como el desarrollo del libro se ajustan al citado real decreto y más concretamente a los contenidos de la Unidad Formativa que le da título *Elaboración y modificación de imágenes u otros elementos gráficos,* UF0860.

Contenidos

1. Obtención de imágenes
   - Descripción de la imagen digital.
     — Formas de representación de gráficos e imágenes.
       · Mapas de bits.
       · Vectoriales.
       · Ventajas e inconvenientes de cada tipo.
     — Formatos usados para la representación de gráficos. Utilización.
     — Resolución y calidad de gráficos.
     — Formatos comprimidos. Pérdidas de calidad en la compresión.
     — Modelos de color.
       · Escalas y gamas de colores.
       · Modelo de color RGB.
       · Modelo de color CMYK.
   - Otros modelos.
   - Técnica de escaneado.
   - Cámaras digitales.
     — Componentes de una cámara digital.
     — Controles habituales.
     — LCD de estado de una cámara digital.
     — Instalación de pilas y memorias.

- — Configuración inicia
- — Instalación del *software* de la cámara digital.
- — Obtención de fotos y videoclips.
- — Conceptos básicos de obtención de fotos.
  - · El enfoque.
  - · *Zoom* óptico y digital.
  - · El flash.
  - · Modificación de la calidad de la imagen.
  - · Modos de captura.
  - · Ajustes equilibrio de blancos.
  - · Velocidad ISO.
  - · Ajustes de saturación y nitidez.
- Otros recursos.
- Guardar imágenes obtenidas en el sistema informático.
- Impresión de imágenes.
- Manejo de catálogos de imágenes.
  - — Creación de catálogos.
  - — Organización del catálogo.
  - — Uso del catálogo.
- Incorporación de imágenes al catálogo.

2. **Utilización de las aplicaciones de elaboración de gráficos**
- Descripción de la interfaz gráfica de usuario.
- Utilización de las herramientas para dibujar.
  - — Líneas: rectas, curvas, quebradas.
  - — Figuras geométricas.
  - — Texto.
- Realización de transformaciones.
  - — Tamaño de los objetos.
  - — Giros.
  - — Unir y desunir objetos.
- Conexión y alineación entre figuras.
- Agrupaciones y otras operaciones.
- Elección de colores y texturas.
- Utilización de librerías de figuras.
- Importación y exportación de imágenes a diferentes formatos.

3. **Utilización de las aplicaciones de elaboración de gráficos**
   - Descripción de la interfaz gráfica de usuario.
   - Utilización de herramientas para seleccionar y editar.
   - Utilización de herramientas de transformación.
   - Utilización de herramientas de color.
   - Utilización de herramientas de pintura.
   - Utilización de filtros.
   - Utilización de librerías de fotos.
   - Importación y exportación de imágenes a diferentes formatos.

Nota del editor

En Ediciones Paraninfo estamos comprometidos con la calidad de la formación e intentamos que nuestros materiales, respondan fielmente y con rigor a las necesidades de todos cuantos confían en nuestro sello editorial.

Tratamos de dar respuesta a los currículos de las unidades formativas y de los módulos que integran los distintos Certificados Profesionales, equilibrando la parte teórica con la práctica para que los procesos de aprendizaje se conviertan en experiencias gratificantes tanto para docentes como para las personas inmersas en los procesos formativos.

Contribuir de forma decisiva a afianzar aprendizajes, ayudar a adquirir destrezas que tengan significado para el empleo y conseguir potenciar el desarrollo personal es nuestra mayor satisfacción como editores.

Para lograrlo contamos con excelentes autores, expertos en las materias que abordan, en la mayoría de los casos docentes de dichas especialidades con dilatada experiencia profesional y académica, porque buscamos perfiles familiarizados con los contextos laborales concretos a los que se refieren nuestros manuales.

Confiamos en poder serte de ayuda y esperamos tus impresiones acerca de nuestro trabajo. Sean positivas o negativas, serán muy bien recibidas y, sin duda, nos ayudarán a seguir mejorando y trabajando con ilusión para continuar siendo un referente en formación para el empleo.

Agradecemos tu confianza en nuestros manuales. Todo nuestro equipo queda a tu total disposición. Puedes contactar con nosotros en esta dirección de correo electrónico: info@paraninfo.es.

1. Obtención de imágenes

Contenido

1.1. Descripción de la imagen digital

1.1.1. Introducción

En la era digital actual, la manipulación de imágenes es una parte fundamental de muchas aplicaciones, desde la edición fotográfica hasta la inteligencia artificial. Los sistemas informáticos continúan utilizando información digital en formato binario, donde los datos se representan mediante bits (0 y 1). Sin embargo, los avances tecnológicos han permitido un manejo más eficiente y sofisticado de esta información.

AVANCES RECIENTES

Computación en la nube y *edge computing*: estas tecnologías han revolucionado la forma en que se procesan y almacenan imágenes digitales. La computación en la nube permite la manipulación de grandes volúmenes de imágenes en servidores remotos, mientras que el *edge computing* procesa los datos más cerca de donde se generan (como en dispositivos móviles), reduciendo la latencia.

Fog computing, una extensión de la computación en la nube, permite procesar datos aún más cerca de donde se generan, ofreciendo soluciones óptimas en dispositivos conectados. Además, la inteligencia artificial integrada en dispositivos *edge* está permitiendo análisis en tiempo real sin la necesidad de conectarse a servidores remotos.

Inteligencia artificial y *deep learning*: el uso de algoritmos de aprendizaje automático ha mejorado significativamente la capacidad para procesar y analizar imágenes digitales. Esto incluye la identificación de patrones, el reconocimiento facial y la mejora automática de la calidad de las imágenes. Las redes neuronales profundas (*deep learning*), en particular las *convolutional neural networks* (CNN) y arquitecturas como *transformers,* están revolucionando el procesamiento y análisis de imágenes. Técnicas avanzadas como las redes generativas antagónicas (GAN) permiten la creación y manipulación de imágenes realistas, mientras que los modelos de *deep learning* han mejorado significativamente la capacidad de clasificación y detección en tiempo real.

Los sistemas informáticos operan con información digital expresada en formato numérico. En un ordenador la información analógica de textos, imágenes y sonidos se codifica por medio de dígitos binarios o bits. El término I es el acrónimo de *binary digit* y constituye un dígito del sistema de numeración binario que puede adoptar dos únicas formas, 0 o 1. Y permite representar dos únicos números en formato decimal, el 0 y el 1.

Un conjunto ordenado de 8 bits agrupados se denomina *byte*. De esta forma, un *byte* permite representar cualquier número entre 0 y 255 en formato decimal. Otras unidades de almacenamiento son:

Tabla 1.1. Unidades de almacenamiento digital

Unidad	Equivalencia en bits/*bytes*			
bit	1	bit	=	1 bit
byte	1	B	=	8 bit
kilobit	1	kbit	=	1000 bit
kibibit	1	Kibit	=	1024 bit
kilobyte	1	kB	=	1000 *byte*
kibibyte	1	KiB	=	1024 *byte*
megabit	1	Mbit	=	1000 kbit
mebibit	1	Mibit	=	1024 Kibit
megabyte	1	MB	=	1000 kB
mebibyte	1	MiB	=	1024 KiB
gigabit	1	Gbit	=	1000 Mbit
gibibit	1	Gibit	=	1024 Mibit
gigabyte	1	GB	=	1000 MB
gibibyte	1	GiB	=	1024 MiB
terabyte	1	TB	=	1000 GB
tebibyte	1	TiB	=	1024 GiB
petabyte	1	PB	=	1000 TB
pebibyte	1	PiB	=	1024 TiB
exabyte	1	EB	=	1000 PB
exbibyte	1	EiB	=	1024 PiB
zettabyte	1	ZB	=	1000 EB
zebibyte	1	ZiB	=	1024 EiB

1.1.2. Formas de representación de gráficos e imágenes

Las imágenes digitales se pueden representar de varias formas, cada una con sus ventajas y desventajas en función del uso previsto. En general, existen dos grandes formas de representación de imágenes:

a) Mapa de bits (*bitmap* o rasterizado)

Un mapa de bits, *bitmap* o imagen rasterizada corresponde bit a bit con una imagen mostrada en la pantalla, probablemente en el mismo formato en el que sería almacenado en la memoria de la tarjeta de vídeo o en un dispositivo independiente. Un mapa de bits se caracteriza por el ancho y el alto de la imagen en píxeles y el número de bits por píxel; este último determina el número de colores que puede representar. El píxel es la unidad mínima de información de una imagen digital y puede tener hasta 16,7 millones de colores.

La calidad de una imagen *raster* está determinada por el número total de píxeles (resolución) y la cantidad de información en cada píxel, denominado profundidad de color. Las imágenes digitales se pueden producir en blanco y negro, a escala de grises o a color. Cuanto mayor sea el parámetro de profundidad de bit en una imagen, mayor será la cantidad de tonos (escala de grises o color) que puedan ser representados, más colores habrá disponibles y más exacta será la representación del color en la imagen digital.

El mapa de bits sigue siendo una de las formas más comunes de representar imágenes digitales, especialmente en fotografía y gráficos detallados. A medida que la tecnología avanza, las capacidades de las imágenes rasterizadas también han mejorado, por ejemplo: resoluciones Ultra HD y 8K: las imágenes rasterizadas ahora pueden manejar resoluciones extremadamente atas, como 4K y 8K, que ofrecen una claridad y detalle impresionantes, especialmente en pantallas grandes. Nuevas resoluciones como 12K y 16K están apareciendo en aplicaciones específicas, como el cine, ofreciendo un nivel de detalle sin precedentes. Además, el avance en tecnologías HDR ha permitido la adopción de estándares como Dolby Vision y HDR10+, que proporcionan mayor profundidad de color, contraste y brillo.

HDR *(high dynamic range)*: las imágenes en HDR utilizan un mayor rango dinámico de luminosidad, lo que permite representar sombras más profundas y luces más brillantes en una misma imagen. Esto se logra gracias a una mayor profundidad de bits por píxel (generalmente, 10 o 12 bits), comparado con los 8 bits tradicionales.

Formatos avanzados: formatos como HEIF *(high efficiency image format)* y WebP se han convertido en estándares para la compresión eficiente de imágenes, superando a JPEG en calidad y tamaño de archivo. HEIF es particularmente relevante en dispositivos Apple, mientras que WebP es promovido por Google para uso en la web.

El formato AVIF, basado en el códec AV1, está ganando popularidad por ofrecer una mejor compresión y calidad de imagen que HEIF y WebP. Además, JPEG XL surge como una alternativa prometedora por su capacidad de ofrecer compresión eficiente sin pérdidas, preservando una alta calidad de imagen en usos web y profesionales.

b) Vectoriales

Los gráficos vectoriales se adecúan a dibujos simples y compuestos que necesitan tener formas independientes o que no necesitan tener un carácter de realismo fotográfico. Las imágenes en los gráficos vectoriales no se construyen píxel a píxel, sino que se forman a partir de vectores u objetos formados por una serie de puntos, líneas rectas, curvas o polígonos basándose en ecuaciones matemáticas. A diferencia que un mapa de bits, una imagen vectorial puede ser escalada, rotada o deformada, sin que ello perjudique su calidad. Cada vector en un gráfico vectorial tiene una línea de contorno, con un color y un grosor determinados, y está relleno de un color para elegir. Las características de contorno y relleno del color se pueden cambiar en cualquier momento. Las imágenes vectoriales se almacenan como una lista que describe cada uno de sus vectores componentes, su posición y sus propiedades.

En cuanto a la resolución, los gráficos vectoriales son independientes de la resolución, ya que no dependen de una retícula de píxeles dada. Por lo tanto, tienen la máxima resolución que permite el formato en que se almacena.

Los gráficos vectoriales continúan siendo esenciales para diseños que requieren escalabilidad sin pérdida de calidad, como logotipos y tipografías.

SVG *(Scalable Vector Graphics)*: este formato ha sido ampliamente adoptado para la creación de gráficos web que son escalables y ligeros. Permite la inclusión de animaciones, interactividad a través de CSS y JavaScript, y se adapta bien a las pantallas de alta resolución sin aumentar el tamaño del archivo.

Mejoras en las herramientas: *softwares* como Adobe Illustrator y Inkscape han mejorado la integración de gráficos vectoriales en proyectos multimedia y web, permitiendo una mayor interoperabilidad entre formatos y plataformas. SVG es compatible con animaciones complejas y efectos visuales gracias a su integración con tecnologías web modernas. SVG ahora permite la creación de gráficos interactivos con animaciones complejas, y la integración con WebGL y Three.js facilita la creación de gráficos vectoriales 3D en la web.

c) Ventajas e inconvenientes de cada tipo

Ventajas de las imágenes vectoriales respecto a los *bitmaps*:

- Pueden requerir menor espacio en disco que un mapa de bits.

- Una imagen constituida por colores de tipo plano o degradados sencillos es más viable que sea vectorizada.

- Dos imágenes con la misma información vectorial, pero con dimensiones de presentación distintas, ocuparán el mismo espacio en disco. Cuanta menos información sea necesaria para crear la imagen menor será el tamaño del archivo.

- No pierden calidad cuando se escalan, rotan o deforman. Se puede hacer *zoom* sobre una imagen vectorial de forma ilimitada. Sin embargo, en los *bitmaps,* llega un momento en el que el *zoom* muestra que la imagen está compuesta por píxeles.

- Algunos formatos de imágenes vectoriales permiten animación. Esta se realiza de forma sencilla mediante operaciones como traslación o rotación.

- Se puede controlar con gran precisión la forma, orientación y ordenación de los elementos, así como la aplicación de texturas, degradados, transparencias, realizar un control independiente del color, del contorno o del relleno.

- Cualquier modificación aplicada a los objetos puede rectificarse, ya que el dibujo es siempre editable. Sin embargo, en los mapas de bits, una vez pintado un elemento, ya no es posible modificarlo.

- La posibilidad de integrar animaciones interactivas en SVG y su compatibilidad con pantallas de diferentes tamaños sin pérdida de calidad son claves en el diseño web moderno.

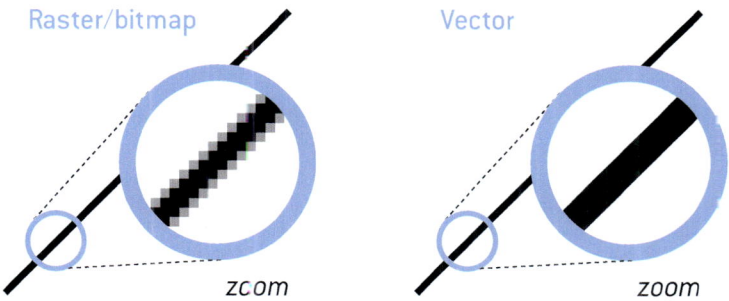

Figura 1.1. Comparación entre imagen *bitmap* e imagen vectorial.

Desventajas de las imágenes vectoriales respecto a los *bitmaps:*

- No son adecuadas para imágenes complejas, aunque hay formatos que admiten una composición mixta: información vectorial junto con imagen *bitmap.* Estos formatos híbridos que combinan vector y *raster* (como EPS o PDF) pueden mitigar el desafío en la representación de detalles complejos y colores muy variados.

- Es necesario procesar los datos que describen la imagen vectorial El ordenador debe sumar todos los datos para formar la imagen final. Si el gráfico consta de demasiada información, puede ralentizarse la presentación de la imagen.

- Siempre será necesario hacer una traducción de sistema vectorial a sistema rasterizado para la visualización de una imagen vectorial, tanto en pantalla como en la mayoría de sistemas de impresión.

1.1.3. Formatos usados para la representación de gráficos. Utilización

1.1.3.1. Formatos rasterizados

BMP (Windows *bitmap*)

Se utiliza para almacenar mapas de bits de imágenes digitales independientes del dispositivo de visualización. El formato de archivo BMP permite almacenar imágenes digitales bidimensionales de ancho, alto y resolución diferente, tanto en blanco y negro como en color, en varias profundidades de color, y opcionalmente con compresión de datos. BMP emplea un metarchivo de Windows (WMF) que contiene la definición gráfica que constituye la imagen a la que hace referencia.

El archivo de imagen de mapa de bits se compone de estructuras de tamaño fijo (cabeceras), así como estructuras de tamaño variable que aparecen en una secuencia predeterminada.

El formato BMP no sufre pérdidas de calidad, permite guardar gran cantidad de información acerca de la imagen y, por tanto, resulta adecuado para guardar imágenes que se desean manipular posteriormente. Como principal inconveniente, los archivos tienen un tamaño bastante grande.

Existen formatos de píxel de diferente número de bits. Por ejemplo:

- El formato 1 bit por píxel (1 bpp) soporta 2 colores distintos (por ejemplo, blanco y negro). Los valores de los píxeles se almacenan en cada bit.

- El formato de 8 bits por píxel (8 bpp) soporta 256 colores distintos y almacena 1 píxel por 1 *byte*. Cada *byte* es un índice en una tabla de hasta 256 colores.

- El formato de 24 bits por píxel (24 bpp) soporta 16 777 216 colores distintos y almacena 1 píxel por 3 *bytes*. Cada valor de píxel define las muestras de color rojo, verde y azul del píxel.

- El formato de píxel 32 bits por píxel (32 bpp) soporta 4 294 967 296 de colores distintos y almacena 1 píxel por DWord (tipo de datos de Windows de 32 bits) de 4 *bytes*. Cada DWord puede definir los alfa, rojo, verde y azul del píxel.

La simplicidad del formato de archivo BMP y su familiaridad generalizada en Windows y en otros sistemas, así como el hecho de que este formato está relativamente bien documentado y libre de patentes, lo convierten en un formato muy común entre los programas de procesamiento de imágenes de muchos sistemas operativos.

Figura 1.2. Píxeles en un mapa de bits. Cada cuadrado es un píxel.
Ejemplo de mapa de bits de 2 × 2 píxeles, con 24 bits/píxel codificación.

GIF (Graphics Interchange Format)

Es un formato diseñado específicamente para comprimir imágenes digitales. Se emplea en la web tanto para imágenes como para animaciones. Una secuencia de imágenes GIF puede almacenarse en un único archivo para formar un GIF animado.

Algunas características generales del formato son:

- Permite transparencia de 1 bit. Cada píxel de la imagen puede ser o no transparente.

- Permite utilizar entrelazado en imágenes, de tal forma que las imágenes se visualizan al completo en el momento de comenzar su descarga.

- GIF reduce la paleta de colores a 256 colores como máximo. Una imagen de alta calidad, como una imagen de color verdadero, con una profundidad de color de 24 bits o superior, debería reducir el número de colores mostrados para adaptarla a este formato y, por tanto, existiría una pérdida de calidad. GIF no es recomendable para fotografías de cierta calidad ni originales.

- El formato GIF se emplea actualmente en banners para publicidad, así como imágenes animadas para páginas web. Recientemente, redes sociales como Telegram, X o Facebook han incluido la posibilidad de usar imágenes GIF en sus servicios. Para animaciones más largas o de mayor calidad, se prefieren formatos como WebP, APNG o, incluso, vídeos en MP4, que ofrecen mejor compresión, mayor soporte de color y características adicionales como audio.

JPG/JPEG (Joint Photographic Experts Group)

JPEG es el esquema de compresión que suele emplearse en cámaras fotográficas digitales y otros dispositivos de captura de imagen. Por otra parte, JPG es otro esquema para el almacenamiento y la transmisión de imágenes fotográficas en la web.

Hay ocasiones en las que el formato JPEG se ha abreviado como JPG, debido a que, históricamente, algunos sistemas operativos solamente aceptaban tres letras en la extensión del fichero.

Los archivos JPEG almacenan 24 bits por píxel, por lo que son capaces de mostrar más de 16 millones de colores. Los archivos JPEG no admiten transparencia ni animación.

La compresión JPEG puede suponer pérdida de calidad en la imagen. En la mayoría de los casos esta pérdida se puede asumir porque permite reducir el tamaño del archivo y su visualización es aceptable. Es recomendable utilizar una calidad del 60-90 % del original. Se puede configurar el nivel de compresión de las imágenes JPEG. Una razón de compresión de 20:1 suele generar una imagen que el ojo humano apenas distingue de la imagen original. Por ejemplo, en la siguiente imagen, se muestra una imagen BMP y dos imágenes JPEG que se han comprimido a partir de la imagen BMP. La primera imagen JPEG tiene una razón de compresión de 4:1 y la segunda imagen JPEG tiene una razón de compresión en torno a 8:1.

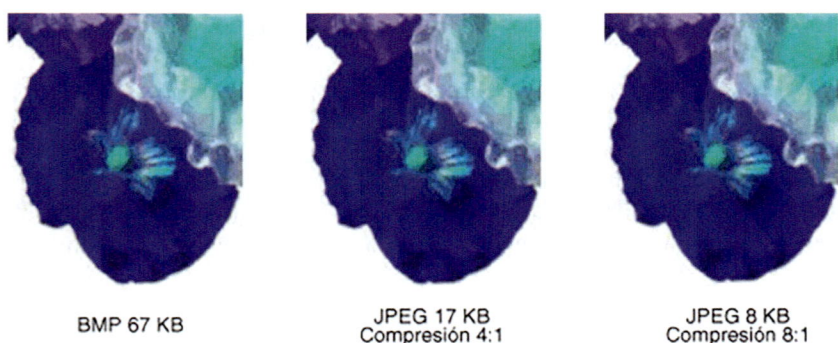

BMP 67 KB

JPEG 17 KB
Compresión 4:1

JPEG 8 KB
Compresión 8:1

Figura 1.3. Comparación de compresión de imagen en diferentes formatos.

La compresión de archivos JPEG no es apropiada para el dibujo de líneas, bloques de color sólido o límites definidos. JPEG es un esquema de compresión, no un formato de archivo. El formato de intercambio de archivos JPEG (JFIF) es un formato de archivos comúnmente utilizado para almacenar y transferir imágenes que se han comprimido conforme al esquema JPEG. Los archivos JFIF que muestran los exploradores web utilizan la extensión .jpg.

Aunque JPEG sigue siendo dominante, formatos como **WebP, HEIF** y el emergente **JPEG XL** están ganando terreno por su mejor compresión, soporte para características avanzadas y potencial para mejorar la eficiencia en la distribución de imágenes digitales.

PNG (Portable Network Graphics)

Es un formato basado en un algoritmo de compresión no sujeto a patentes, sin pérdida para bitmaps. Fue desarrollado para solventar las deficiencias del formato GIF y permite almacenar imágenes con una mayor profundidad de color y otros importantes datos.

- Los archivos PNG pueden almacenar colores con 8, 24 o 48 bits por píxel y escalas de grises con 1, 2, 4, 8 o 16 bits por píxel.

- Un archivo puede almacenar también un valor alfa para cada píxel, que especifica el grado de mezcla de ese píxel con el color de fondo.

- Los archivos PNG pueden contener información sobre la corrección de gamma y la corrección de color para que las imágenes puedan representarse con precisión en varios dispositivos de presentación.

- En la mayoría de los casos, PNG comprime mejor que el formato G F, aunque algunas herramientas de diseño pueden realizar una selección mediocre de los métodos de filtrado, generándose ficheros de mayor tamaño.

  La lenta adopción del formato PNG como sustituto del GIF puede haberse debido a las siguientes razones:

- No soporta animación.

- La administración de color fallaba en algunos navegadores (actualmente no es importante y se puede evitar).

Figura 1.4. Comparación de los formatos JPG, PNG y GIF. JPG debe emplearse únicamente para fotografías, coloridos complejos y sombreados de luz/oscuridad. PNG debe emplearse para imágenes web que necesitan transparencia y degradado, imágenes en proceso de edición e imágenes fotográficas complejas. GIF debe emplearse para dibujos lineales, bordes de un solo color o caricaturas simples.

TIF-TIFF (Tag Image File Format, formato de archivo de imágenes con etiquetas)

Su denominación se debe a que los ficheros TIFF contienen, además de los datos de la imagen propiamente dicha, etiquetas en las que se archiva información sobre las características de la imagen. Estas etiquetas sirven para su tratamiento posterior y describen el formato de las imágenes almacenadas, que pueden ser de distinta naturaleza:

- Binarias (blanco y negro), adecuadas para textos.

- Niveles de gris, adecuadas para imágenes de tonos continuos como fotos en blanco y negro.

- Paleta de colores, adecuadas para almacenar diseños gráficos con un número limitado de colores.

- Color real, adecuadas para almacenar imágenes de tono continuo, como fotos en color.

- TIFF es un formato flexible y extensible, compatible con una amplia variedad de plataformas y aplicaciones de procesamiento de imágenes, lo que lo convierte en un formato ideal para editar o imprimir una imagen.

  Los archivos TIFF permiten almacenar imágenes con un número arbitrario de bits por píxel, profundidades de color de 1 a 32 bits, y permiten emplear diversos algoritmos de compresión, generando imágenes de una calidad excelente.

  Es posible almacenar varias imágenes en un único archivo TIFF de varias páginas. La información relacionada con la imagen (tipo de compresión, orientación, muestras por píxel, marca del escáner, equipo *host,* etc.) puede almacenarse en el archivo y organizarse mediante el uso de etiquetas. TIFF se considera apropiado para la edición de archivos originales, pero presenta el inconveniente de generar ficheros de tamaño muy grande.

PSD (Photoshop Document)

El PSD es un formato nativo de Photoshop y permite guardar todas las presentaciones, retoques, nuevas creaciones realizadas con este programa. Junto con el formato de documento grande (PSB), admite todas las características de Photoshop. Dadas las posibilidades de integración entre los productos Adobe, se pueden importar directamente archivos PSD y conservar muchas de las características de Photoshop.

Al guardar un archivo PSD, se puede definir una preferencia para maximizar la compatibilidad de archivos. Esto guarda una versión compuesta de una imagen con capas en el archivo de modo que pueda ser leído por otras aplicaciones. También mantiene la apariencia del documento, en caso de que las futuras versiones de Photoshop cambien el comportamiento de algunas características. El compuesto también hace que sea más rápido cargar la imagen y utilizarla en aplicaciones que no sean Photoshop, y a veces puede ser necesario para que otras aplicaciones puedan leer la imagen. Se pueden guardar como archivos PSD las imágenes de 16 bits por canal y las imágenes de alto rango dinámico (HDR) de 32 bits por canal.

Para conservar todas las características (capas, efectos, máscaras, etc.), se debe guardar una copia de la imagen en formato de Photoshop (PSD).

Como la mayoría de formatos de archivo, el formato PSD admite archivos de hasta 2 GB de tamaño. Los archivos con tamaño superior a 2 GB deben guardarse en formato de documento grande (PSB), RAW, TIFF (hasta 4 GB) o DICOM.

PSD guarda los archivos con 48 bits de color y permite almacenar todas las capas, canales etc., que existan en el archivo de imagen. Casi no tiene compatibilidad con otros programas, por lo que se recomienda tener dos archivos: uno en el propio formato nativo (.PSD), y otro en algún formato compatible con otros programas, como JPGE o TIFF.

La profundidad de bits estándar para las imágenes es de 8 bits por canal. Puede guardar como archivos PSD las imágenes de 16 bits por canal y las imágenes de alto rango dinámico (HDR) de 32 bits por canal.

1.1.3.2. Formatos vectoriales

AI (Adobe Illustrator)

Se trata del formato nativo del programa de dibujo vectorial Adobe Illustrator de la empresa Adobe Systems. AI es el formato estándar. Existen cinco formatos de archivo básicos (AI, PDF, EPS, FXG y SVG), en los que se pueden guardar ilustraciones. Estos formatos reciben el nombre de formatos nativos, ya que pueden guardar todos los datos de Illustrator, incluidas varias mesas de trabajo.

Los gráficos de Adobe Illustrator se desarrollaron para los dibujos vectoriales de una sola página en los formatos EPS o PDF. El formato AI es un subconjunto simplificado y estrictamente limitado del formato EPS. AI permite incluir imágenes de mapa de bits.

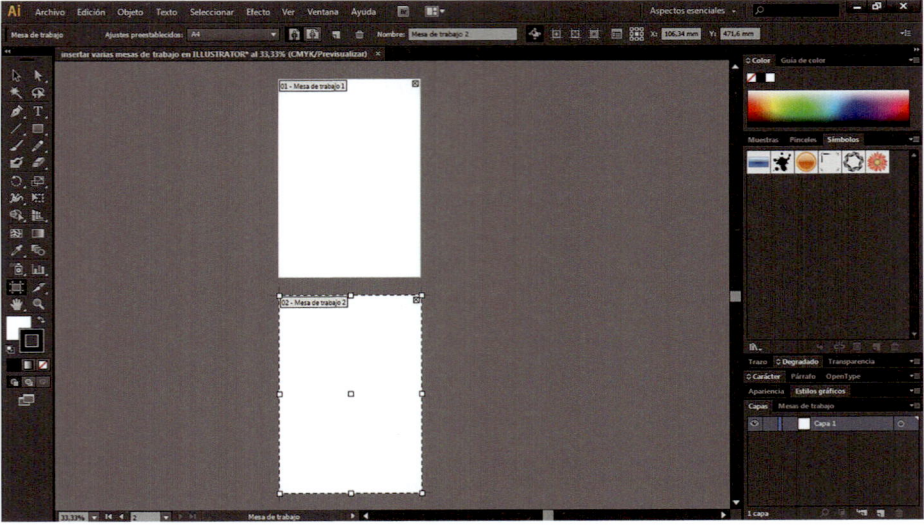

Figura 1.5. Mesas de trabajo en Adobe Illustrator.

CDR

Es el formato propietario del programa Corel Draw. Los archivos CDR son dibujos e imágenes vectoriales destinados para web o para la creación de organigramas y esquemas.

Figura 1.6. Alexei-Oglushevich, imagen CDR de 24 bits de profundidad.

Las imágenes digitales se almacenan con la aplicación de determinadas especificaciones de codificación de archivos y compresión. Los usuarios de sistemas basados en Microsoft pueden crear, abrir y ver el contenido de un archivo CDR con el *software* Corel Draw. Los usuarios de Mac pueden emplear el programa Inkscape. Es posible exportar las imágenes CDR a otros formatos.

SVG (Scalable Vector Graphics)

El significado de SVG es gráficos de vector escalable. Ser escalable significa aumentar o de disminuir uniformemente.

Es un formato de gráficos vectoriales que describe imágenes como formas, trazados, texto y efectos de filtro. Los archivos resultantes son de tipo compacto y ofrecen gráficos de alta calidad en Internet, en impresoras e, incluso, en dispositivos portátiles y con pocos recursos. Se trata de un formato abierto usado por el programa Inkscape. Fue desarrollado por W3C (organización que crea estándares para la web).

El formato SVG está totalmente basado en el estándar XML y ofrece muchas ventajas tanto para desarrolladores como para usuarios. Con SVG se pueden utilizar los lenguajes XML y JavaScript para crear gráficos web que respondan a las acciones del usuario con efectos sofisticados, como el resaltado, la información de herramientas, el audio y las animaciones.

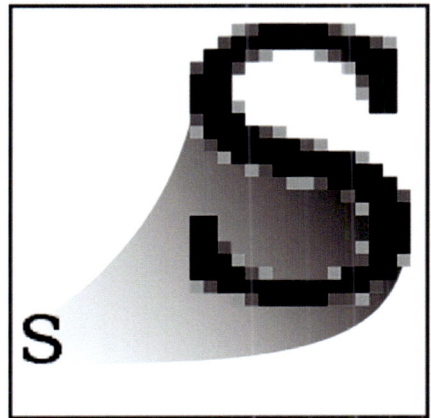

Figura 1.7. Diferencia entre rasterización y vector. La imagen vectorial puede escalarse indefinidamente sin pérdida de calidad; son apropiadas para impresión o para videojuegos 3D. Los *bitmaps* tienen un límite a la hora de escalarse. La mayoría de las imágenes en la web son de tipo *raster*.

Los usuarios pueden, por ejemplo, aumentar la vista de una imagen SVG en la pantalla sin tener que sacrificar el enfoque, el detalle o la claridad. La salida impresa de una imagen puede utilizar la resolución completa de la impresora y a la vez es posible exhibirla en el mismo tamaño en las pantallas con diversas resoluciones.

Además, el formato SVG ofrece mejor compatibilidad con texto y colores, lo que garantiza que los usuarios vean las imágenes tal y como aparecen en la mesa de trabajo del programa Adobe Illustrator.

SVG además soporta tecnología CSS2, matrices de transformación, interactividad y dinamismo, soportados tanto de forma declarativa como vía *scripting, clipping paths* y filtros gráficos.

Hay dos versiones de los formatos SVG: SVG y SVG comprimido (SVGZ). SVGZ puede reducir el tamaño de los archivos entre un 50 % y un 80 %; sin embargo, no se pueden editar archivos SVGZ con un editor de texto.

Ejemplo de uso de SVG para forma geométrica: X, Y es el desplazamiento del objeto respecto al origen. *Width, height,* el ancho y alto del objeto. Rx, Ry: redondean las esquinas del objeto. El resto de atributos otorgan propiedades al estilo de visualización:

```
<svg xmlns="http://www.w3.org/2000/svg " width="200px"
height="200px">
<rect x="25" y="25" width="100" height="100" fill="blue"
opacity="0.5" />
<rect x="50" y="50" rx="20" ry="20" width="100"
height="100" fill="red" opacity="0.5" />
<rect x="75" y="75" width="100" height="100" fill="green"
opacity="0.5" />
</svg>
```

GIF 400x400
13 041 bytes

SWF 400x400
5 686 bytes

Figura 1.8. A la izquierda, imagen generada a partir del código anterior. A la derecha, tamaños de GIF y SWF; los archivos gráficos simples son casi siempre más pequeños en SWF que en GIF.

RAW

Es un formato de archivo imagen que contiene la totalidad de los datos de la imagen, con compresión pero sin pérdida de información, tal y como se ha captado por el sensor de la cámara.

Debido a la información almacenada y una mayor profundidad de color (por lo general, 36 a 48 bits/píxel), sus ficheros tienen un tamaño de archivo muy grande.

Como ventajas de este formato destacamos su flexibilidad, permitiendo posteriormente ajustar los parámetros de una fotografía (ajuste de blancos, exposición, color/blanco y negro, etc.) y que la imagen se guarda con mayor rango dinámico y sin pérdida de calidad. Como inconvenientes de RAW: la cámara emplea más tiempo en guardar las fotos debido al tamaño grande de los ficheros, puede ralentizar trabajos en fotografía donde se requiere inmediatez (como en prensa) y adolece de falta de estandarización, pues cada fabricante emplea su propia versión del formato, lo que a menudo produce incompatibilidades.

Muchos modelos de cámaras permiten almacenar las fotos en dos formatos en un mismo disparo, por ejemplo: RAW + JPG.

Para procesar un fichero RAW es necesario emplear un *software* especializado que permita revelar y editar as imágenes antes de exportarlas a otro formato. Entre las herramientas libres, destacan opciones como Darktable y RawTherapee, que ofrecen un amplio conjunto de funciones y son activamente desarrolladas. Aunque menos actualizado, UFRaw también puede utilizarse como complemento de GIMP en ciertos casos.

En cuanto a *software* comercial, las opciones más populares y robustas incluyen Adobe Lightroom y Capture One, ampliamente utilizadas por profesionales y aficionados para el procesamiento avanzado de imágenes RAW.

1.1.4. Resolución y calidad de gráficos

La resolución de una imagen indica la cantidad de detalles que pueden observarse en ella. Las imágenes de mapa de bits dependen de la resolución, es decir, contienen un número fijo de píxeles, que se suelen medir en píxeles por pulgada (PPP). Las dimensiones en píxeles miden el número total de píxeles de altura y anchura de la imagen.

Una imagen de alta resolución contiene más píxeles y, por consiguiente, de tamaño más pequeño que los de una imagen de las mismas dimensiones pero de baja resolución. Por ejemplo, una imagen de 1 × 1 pulgada con una resolución de 72 ppp contendría un total de 5184 píxeles (72 píxeles de ancho por 72 de alto = 5184). Esta misma imagen con una resolución de 300 ppp contendría un total de 90 000 píxeles.

La resolución en PPP es una característica de la imagen que se puede variar cuando necesitemos mediante un *software* de edición de imágenes, sin comprometer la calidad (a menos que guardemos la imagen en formato comprimido). La resolución en ppp solo indica una proporción matemática sobre como agrupar los píxeles que la forman. Salvo en el caso de las imágenes remuestreadas (imágenes en las que se ha alterado deliberadamente la cantidad de datos redimensionando los píxeles o la resolución), la cantidad de datos de la imagen permanece intacta al cambiar las dimensiones de impresión o la resolución.

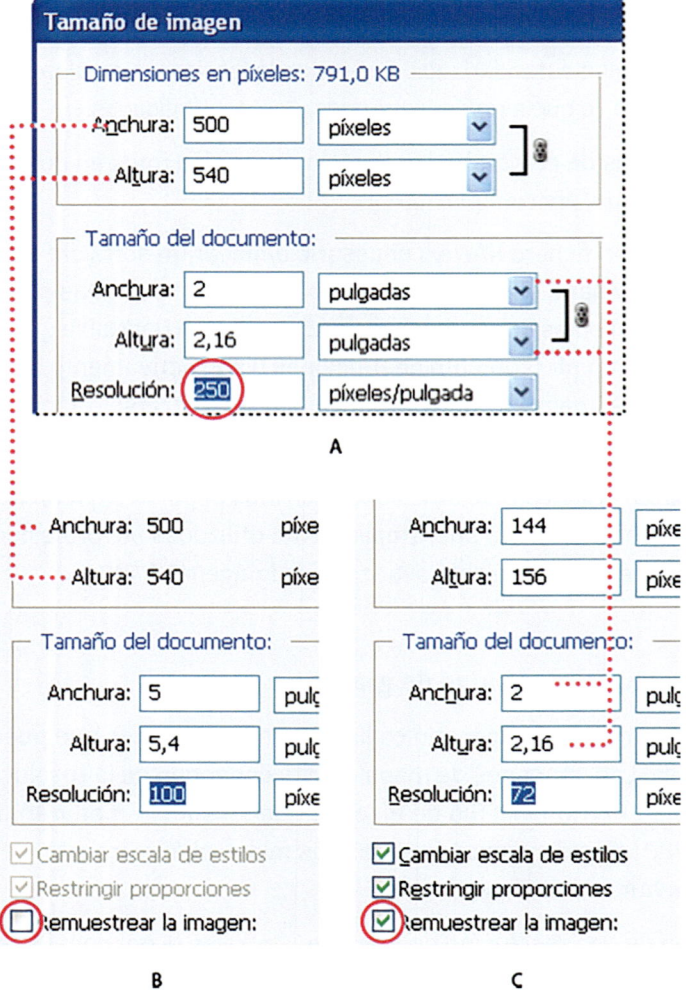

Figura 1.9. Cambio de resolución con remuestreo en Adobe Illustrator.

El acrónimo de los píxeles por pulgada es PPP, aunque también podemos encontrarlo en inglés PPI (*pixels per inch*). Es incorrecto denominarlo DPI, pues se corresponde con *dots per inch* y se refiere a la resolución que puede dar una impresora. El problema reside en que *dots per inch* se traduce como 'puntos por pulgada', y el acrónimo de la traducción coincide con el de píxeles por pulgada (PPP).

1.1.5. Formatos comprimidos. Pérdidas de calidad en la compresión

Existen formatos de archivo que emplean la compresión en las imágenes de mapas de bits para reducir el tamaño de archivo. Las técnicas "sin pérdidas" comprimen el archivo sin eliminar detalle de la imagen ni información de color; otras técnicas, con menos calidad, eliminan detalle de la imagen. Las técnicas de compresión más habituales son:

RLE (Run Length Encoding)

Técnica de compresión sin pérdidas admitida por algunos formatos de archivo comunes del sistema operativo Windows. Consiste en sustituir series de valores repetidos por una clave con indicador numérico.

LZW (Lemple-Zif-Welch)

Técnica de compresión sin pérdidas admitida por los formatos de archivo TIFF, PDF, GIF y de lenguaje PostScript. Es útil si se necesita comprimir imágenes con áreas grandes de un solo color. El algoritmo consigue, en una lectura única, codificar repeticiones sin crear una tabla de códigos. Cuando se localiza una secuencia similar a otra anterior, se sustituye por una clave de dos valores: los correspondientes a cuántos pasos se retrocede y cuántos datos se repiten.

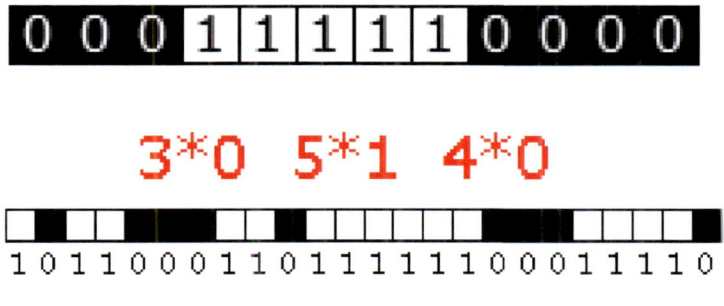

Figura 1.10. Imagen superior: el método RLE codifica series de píxeles repetidos. Esta secuencia de 12 valores se anota con seis datos. Imagen inferior: comportamiento del algoritmo LZ: # 3 2 significa retroceder tres píxeles y repetir dos. #12 7 significa retroceder 12 píxeles y repetir 7.

JPEG (Joint Photographic Experts Group)

Técnica de compresión con menos calidad admitida por los formatos de archivo JPEG, TIFF, PDF y de lenguaje PostScript. Se recomienda para imágenes de tono continuo, como las fotografías. Su técnica de compresión consiste en una combinación de varias técnicas que crea un archivo JPEG (o JPG) con un nivel de compresión regulable capaz de reducir en algunos casos el peso de la imagen a menos del 1 %.

CCITT (Comité Consultivo Internacional de Telégrafos y Telecodificación)

Familia de técnicas de compresión sin pérdidas para imágenes en blanco y negro admitida por los formatos de archivo PDF y de lenguaje PostScript.

ZIP

Compresión sin pérdidas admitida por los formatos de archivo PDF y TIFF. Al igual que LZW, la compresión ZIP es más eficaz en imágenes que contienen áreas grandes de un solo color.

1.1.6. Modelos de color

El color es la percepción que tiene el ojo (humano o animal) por un tono de luz que resulta de las diferentes longitudes de onda que componen el espectro electromagnético. Las ondas visibles son aquellas cuya longitud de onda está comprendida entre los 400 y los 700 nanómetros; más allá de estos límites siguen existiendo radiaciones, pero ya no son percibidas por nuestra vista.

Las características en el sistema ocular de humanos y animales determinan la percepción del color que tendrán. Muchos mamíferos no tienen visión en color (visión en blanco y negro) o tienen muy poca visión cromática (los pájaros o los peces perciben en menor grado el color).

Los seres humanos percibimos el color gracias a los seis millones de conos que tenemos en la retina. Existen tres tipos de conos, y cada uno de ellos es capaz de recibir una determinada longitud de onda; la onda corta es azul, el verde y amarillo son onda media, y la onda larga es roja.

El ojo humano también tiene sus limitaciones. Si fijamos la mirada en un punto y observamos los laterales sin mover los ojos, comprobaremos que vemos el color en el punto fijado; alrededor, solo somos capaces de percibir la luz y la sombra. Esto es debido a que en la parte lateral de la retina solo tenemos bastones.

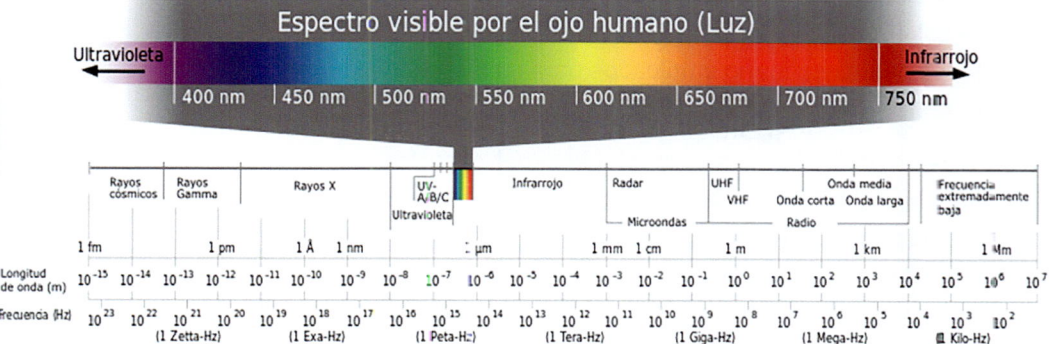

Figura 1.11. Espectro electromagnético, por Horst Frank.

La **teoría del color** es un grupo de reglas básicas en la mezcla de colores para conseguir el efecto deseado combinando colores de luz o pigmento. Thomas Young descubrió que existen tres colores de luz a partir de los que se pueden obtener todos los demás. Estos colores de luz se denominan primarios y son azul, verde y rojo. La suma de estos tres colores es el color blanco; la ausencia de todos, el negro. La **modulación** de un color consiste en someterlo a variaciones y mezclas graduales y armónicas que implicarán modificaciones en el tono e intensidad de un color.

Los colores poseen tres características en la modulación que determinan la sensación de color y son el tono, la saturación y la luminosidad.

Un **tono** (*hue/teine*) de un color es la variación cualitativa del color ligado directamente a la longitud de onda de su radiación. La **saturación** (*chroma, saturation*) se produce cuando un color tiene su máxima pureza y fuerza. Un color muy saturado carece de blanco o de negro. Si queremos disminuir su saturación deberemos incrementar la cantidad de blanco al tono. La **luminosidad** (*value, luminosite*) es la capacidad que tiene todo color de reflejar la luz blanca que le incida. Para variar la luminosidad, se debe añadir negro a un tono.

Si la modulación del tono, saturación o luminosidad se produce con variaciones regulares y continuas, se dirá que la modulación se realiza por **escala**, y esta puede ser escala cromática o acromática.

En las escalas cromáticas los valores de los tonos se consiguen al mezclar colores puros como el blanco o el negro. En las escalas acromáticas se varía de manera continua del blanco al negro, apareciendo una escala de grises. Esta escala se emplea para comparar el valor de luminosidad y claridad de los colores puros.

Cuando mezclamos luces de colores realizamos mezclas aditivas, añadiendo, por cada color mezclado, luz a la mezcla. Colores aditivos son, por ejemplo, los de los focos de un escenario empleados para conseguir una iluminación de un color concreto.

Las pinturas que empleamos para teñir el papel, el cartón o la tela se conocen como color pigmento porque están compuestas por polvos de colores, mezclados con diferentes sustancias. En los colores pigmento existen tres que no se pueden obtener mediante mezclas y que permiten lograr todos los colores si se mezclan entre sí: el cian, el magenta y el amarillo, que constituyen los colores primarios de las mezclas sustractivas. La suma de los tres colores forma el negro, y la ausencia de todos, el blanco. Mirando con una lupa una revista en color, se pueden ver puntos de color cian, magenta y amarillo, así como puntos de color negro. Las imprentas usan el negro, además de los tres colores primarios, porque las letras son habitualmente de ese color (CMAN o CMYK en inglés).

1.1.6.1. Modelo de color RGB

El acrónimo RGB proviene de los tres colores primarios, rojo (*red*), verde (*green*) y azul (*blue*). Se trata de un modelo aditivo en el que el rojo, verde y azul se combinan para reproducir el resto de colores. Las pantallas de ordenadores, el escáner, la televisión y los dispositivos táctiles emplean este sistema. Al realizar un diseño, debemos tener en cuenta cuál va a ser su soporte final, si vamos a realizar una página web, por ejemplo, debemos utilizar el modelo RGB.

En un dispositivo digital cada píxel en una pantalla puede representarse como valores de rojo, verde y azul. Estos valores pueden variar desde el mínimo (no color) al máximo (intensidad completa). Cuando el rojo, verde y azul tienen su valor mínimo representan el color negro y cuando tienen su valor máximo representan el blanco.

De esta manera, el valor 0 (cero) significa que un color no interviene en la mezcla y, a medida que ese valor aumenta, se entiende que aporta más intensidad a la mezcla. Así, un color cualquiera vendrá representado en el sistema RGB mediante la sintaxis decimal (R, G, B) o mediante la sintaxis hexadecimal #RRGGBB.

En la sintaxis decimal, la intensidad de cada uno de los componentes se mide con una escala del 0 al 255: El rojo se obtiene con (R = 255, G = 0, B = 0); el verde con (R = 0, G = 255, B = 0) y el azul con (R = 0, G = 0, B = 255).

En la sintaxis hexadecimal, la intensidad se mide según una escala de tres pares de valores: un par de valores para cada color (rojo, verde y azul). Las escalas para cada par de valores van del 0 al 9 y de la A a la F (los símbolos posibles de un dígito hexadecimal). El 0 corresponderá al valor más bajo y F, al valor más alto. El color rojo más saturado se traducirá como #FF0000 (R = FF, G = 00, B = 00), donde el primer par de valores (FF) contempla el máximo de color rojo, y los dos pares siguientes (00) y (00) señalan la ausencia de verde y azul, respectivamente. El color verde se traducirá a #00FF00 y el azul #0000FF. La nomenclatura de colores RGB en hexadecimal es la más usada en la web.

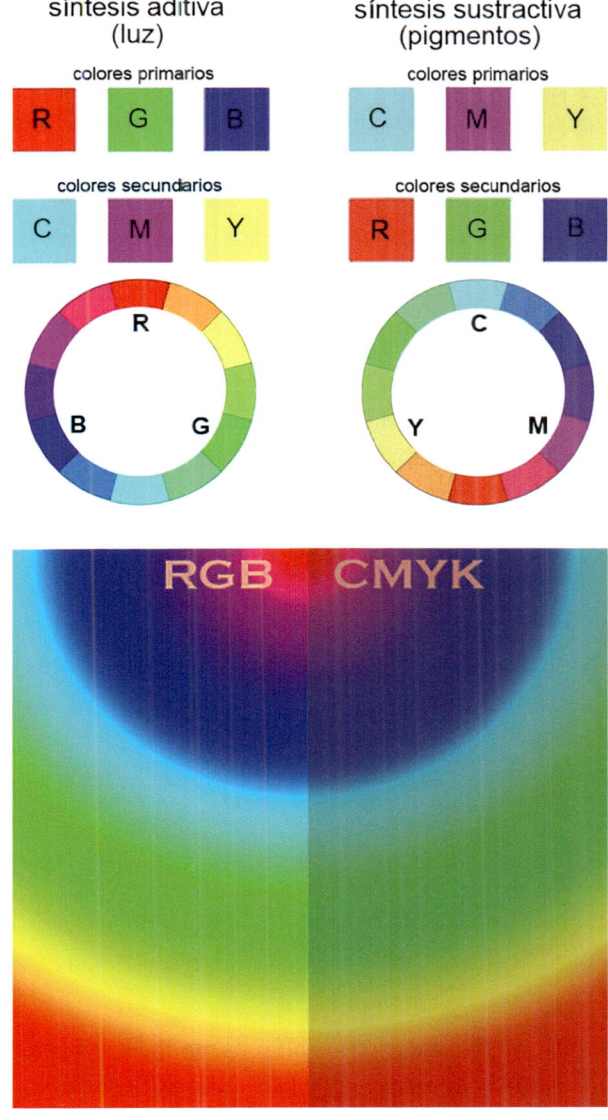

Figura 1.12. A la izquierda, comparación de síntesis aditiva y síntesis sustractiva. A la derecha, comparación de modelos, por Annette Shacklett.

1.1.6.2. Modelo de color CMYK

Si el modelo RGB emplea una fuente de luz para crear color, el modelo CMYK se basa en la capacidad de la tinta impresa en papel de absorber luz. Cuando la luz blanca incide en tintas translúcidas, se absorbe una parte del espectro. El color que no es absorbido se refleja y es captado por el ojo. El color observado a través de la pantalla es diferente al observado en un material impreso. Por ello, al trabajar en un diseño con el modelo CMYK, es necesario un proceso de pruebas para asegurar que el color se traduce correctamente desde la pantalla al papel.

Al combinar pigmentos puros de cian (C), magenta (M) y amarillo (Y) se produce el color negro, puesto que se absorben, o se eliminan, todos los colores. Por esto se denominan colores sustractivos. La tinta negra (K) se añade para mejorar la densidad de la sombra. La letra K se ha empleado porque el negro es el color clave (*key,* en inglés) para registrar otros colores, y porque la letra B —que correspondería a *black*— ya representa al azul (*blue,* en inglés).

Por otra parte, el color negro se emplea para evitar realizar una mezcla del 100 % de los otros tres colores, ya que podría obtenerse una capa de tinta demasiado espesa para el papel.

El uso generalizado de CMYK se da en el contexto de las artes gráficas. Las imprentas imprimen, generalmente, en estos cuatro colores más tintas planas especiales (los denominados colores Pantone). Por esto, antes de enviar cualquier trabajo a la imprenta deberemos convertir los colores del documento a CMYK.

Una mezcla de pigmentos amarillo, cian y magenta rara vez produce negro puro, ya que es casi imposible crear suficiente cantidad de pigmentos puros. Se puede ver la comparación de modelos RGB y CMYK en la Figura 1.12.

1.1.6.3. Otros modelos

Modelo HSV (*Hue, Saturation, Value*)/HSB (*Hue, Saturation, Brightness*)

Los modelos HLS y HSB se conocen como modelos perceptivos de color por tomar sus atributos de la observación del funcionamiento de la percepción humana de la luz.

El HSV (matiz, saturación, valor), también llamado HSB (matiz, saturación, brillo), define un modelo de color en términos de sus componentes. Se puede emplear en progresiones de color y consiste en una transformación no lineal del espacio de color RGB. Se representa como un grado de ángulo con valores posibles del 0 a 360°, donde cada valor corresponde a un color. Para algunas aplicaciones los grados anteriores se normalizan del 0 al 100 %. Por ejemplo, 0° sería rojo, 60° amarillo y 120° verde.

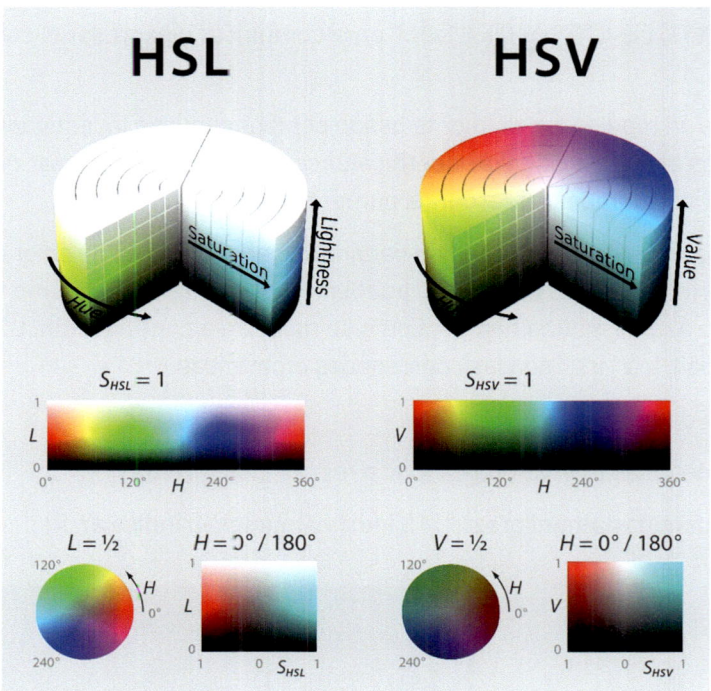

Figura 1.13. Modelos HSL HSV, por Jacob Rus.

Modelo de color HLS (*Hue, Light, Saturation*)

Se trata de un modelo de color muy útil para obtener colores pasteles y ocres. En HLS la saturación no varía hacia el blanco, sino hacia el gris, y el atributo de brillo se sustituye por el de luminosidad.

El modelo HSL es similar al modelo **HSV**, pero refleja de manera más precisa la saturación y la luminancia como dos parámetros independientes, y es, por tanto, un modelo más adecuado para los artistas.

La especificación de las hojas de estilo en cascada (CSS) en su versión 3 puede emplear HSL, porque es simétrico al eje luz-oscuridad. Ejemplo:

```
<style>
div {
    background-color: hsl(180, 50%, 50%);
    color: hsl(0, 0%, 100%);
}
</style>
```

Modelo de color CIELAB

La Commission Internationale de l'Éclairage (CIE), considerada como la autoridad en la ciencia de la luz y el color, ha definido, entre otros, los modelos de color CIE XYZ, CIE L*C*h y CIE L*a*b* para comunicar y expresar el color objetivamente.

CIELAB es un modelo ampliamente usado por fabricantes e investigadores para evaluar los atributos de color, identificar inconsistencias y expresar de manera precisa sus resultados en términos numéricos.

El espacio de color L*a*b* modela basándose en una teoría de color oponente que establece que dos colores no pueden ser rojo y verde al mismo tiempo, o amarillo y azul al mismo tiempo. Como se muestra a continuación, L* indica la luminosidad, y a* y b* son las coordenadas cromáticas.

L* = luminosidad

a* = coordenadas rojo/verde (+a indica rojo, -a indica verde)

b* = coordenadas amarillo/azul (+b indica amarillo, -b indica azul)

Figura 1.14. A la izquierda, espacio de colores CIELAB. A la derecha, un ejemplo de mejora del color usando el espacio de color LAB en Photoshop (CIELAB D50). El lado izquierdo está mejorado, el lado derecho no. La mejora es "exagerada" para mostrar más visiblemente el efecto.

Los instrumentos de medición de color (espectrofotómetros y colorímetros) pueden cuantificar los atributos de color y determinar el color de un objeto dentro del espacio de color, mostrando los valores para cada coordenada L*, a* y b*.

El color CIE LAB es independiente del dispositivo de salida, crea colores coherentes con independencia de los dispositivos usados para crear o reproducir la imagen, tales como monitores, impresoras y ordenadores.

1.2. Técnica de escaneado

Un escáner es básicamente una cámara digital especializada. A la hora de digitalizar diapositivas fotos o negativos, debemos tener en cuenta en primer lugar que la calidad de la imagen digitalizada dependerá del tipo de escáner, el *software* de este y las prácticas empleadas. No obstante, algunas de las recomendaciones generales pueden ser:

- Limpiar las películas fotográficas antes del escaneo para conseguir una mejor calidad de imagen y para proteger el escáner contra las partículas de polvo. Algunos utensilios recomendados son: pinzas de acero con los bordes redondeados (para la sujeción de las imágenes), guantes antiestáticos para desviar la carga estática y uso de aparatos de aire comprimido o espráis antipolvo para la limpieza del material original y de otros utensilios.

- Emplear el escaneado "plano". Este término hace referencia a, por un lado, una imagen con poco contraste (para el *software* de escaneado es aconsejable que la imagen sea plana, porque ofrecen más información que las de alto contraste). Por otro lado, se refiere a escanear los negativos lo más físicamente planos que sea posible. Existen láminas finas especiales de cristal para adaptar los negativos a un escáner.

- Determinar una resolución que evite la introducción de colores no deseados o que genere imágenes pesadas en tamaño. Si la imagen se escanea para visualizarla en pantalla, su publicación en web, pasarla a diapositivas, etc., debido a la distribución de 1 × 1 píxeles de una imagen, deberá seleccionar una resolución de escaneado de acuerdo con la resolución del monitor. Si se pretende imprimir posteriormente la imagen digitalizada al mismo tamaño inicial, debemos partir de una resolución de 300 ppp (la resolución mínima de impresión). Un valor menor supondrá renunciar a información, y uno mayor hará que la imagen resultado sea de mayor tamaño, pero no con mayor calidad, puesto que una fotografía en papel tiene su propia resolución y escanear a mayor resolución no añadirá más detalle.

- Es útil conocer la resolución óptica (real) del escáner para digitalizar a una resolución submúltiplo de la máxima. Por ejemplo, si la máxima resolución óptica es 3200 ppp podemos emplear 1600, 800, 400 ppp, etcétera.

- El formato TIFF garantizará la mejor calidad (mayor información de la imagen), pero supondrá mayor espacio de almacenamiento. Es el empleado en ambientes profesionales, pues en cada reedición de una imagen no se altera la calidad. El siguiente formato con una calidad aceptable es JPEG (si al escanear seleccionamos un nivel de calidad de al menos 80 %), y permitirá un almacenamiento de menor tamaño que el de TIFF.

- La sobreexposición se produce cuando hay demasiada luz en una fotografía. En el escaneado de una imagen se recomienda subexponer ligeramente que sobreexponer. La mayoría de los *softwares* de escaneado tienen algún tipo de ajuste de control para los niveles, las curvas y el balance de color.

1.3. Cámaras digitales

La cámara analógica y la digital presentan similitudes, pues ambas conducen la luz a su interior a través de la óptica. Sin embargo, la cámara analógica concentra los rayos de luz sobre un negativo sensible a un tipo concreto de radiaciones (UV, IR), y la cámara digital lo hace sobre un elemento capaz de analizar la luz e interpretarla en forma numérica: el sensor electrónico.

Distinguimos entre las siguientes familias de cámaras digitales: cámaras ultracompactas, cámaras *bridge,* cámaras *evil* y cámaras réflex.

- Cámaras ultracompactas. De tamaño pequeño y características sencillas, poco peso y objetivo no desmontable.

- Cámaras *bridge.* De tamaño superior, debido a que su sensor es más grande. Generalmente de poco peso (entre 300 y 650 gramos). Su objetivo no es intercambiable. Suelen venir equipadas con un *zoom* integrado de adecuado rango focal y luminosidad. Permiten el uso de RAW y de diferentes modos semimanuales y manuales.

- Cámaras réflex (DSLR). Se trata de cámaras digitales de objetivo único (*Digital Single Lens Réflex*) que constan de un espejo réflex y un pentaprisma del visor. No disponen de óptica fija, sino un conjunto de ópticas intercambiables. La luz se refleja en un pentaprisma ubicado sobre la pantalla de enfoque, que desvía la imagen hacia el observador y la endereza, puesto que el objetivo la proyecta de forma invertida. En el momento del disparo, al levantarse el espejo, el mecanismo obturador dejar pasar la luz hacia el sensor digital. Empleadas en fotografía semiprofesional o profesional, las DSLR utilizan la última y mejor tecnología en sensores APS-C o sensores de formato completo. Permiten gran control en la profundidad de campo, amplia gama de objetivos intercambiables, rapidez de disparo, uso de RAW y alta sensibilidad ISO. Como desventajas presentan su tamaño y peso, mayor posibilidad de trepidación de la imagen (debido al espejo), el precio de la cámara y los objetivos.

- Cámaras *evil* (CSC). No disponen de espejo, lo que las hace menos vulnerables mecánicamente, se reducen las trepidaciones asociadas al movimiento y se puede conseguir alta velocidad de disparo. Disponen de una pantalla LCD para el visor electrónico, en lugar de emplear visor óptico. Ambas características permiten a las *evil* un cuerpo más compacto que una cámara DSLR y peso inferior. Disponen de ópticas intercambiables, aunque en menor variedad que las DSLR. Su sensor, generalmente de 4/3, es de mayor tamaño que el de las compactas y las *bridge,* y se asemeja más al de las DSLR, por lo que muchos modelos *evil* pueden competir con una réflex. Son muy adecuadas para vídeos 4K. Las cámaras *evil* utilizan sensores CMOS apilados y BSI para mejorar la captura de luz, reduciendo el ruido en condiciones de baja iluminación, lo que las ha posicionado como la opción dominante entre los fotógrafos profesionales. Entre sus inconvenientes principales destacan: un sistema de enfoque por contraste menos preciso y más lento que el utilizado en las réflex, menor duración de la batería —alrededor de 300 a 400 disparos— y un precio elevado respecto a modelos de DSLR de prestaciones similares.

Figura 1.15. Cámaras DSLR y proceso de captura de la imagen, cámara *evil* y cámara *bridge*.

1.3.1. Componentes de una cámara digital

Usaremos como modelo la N KON 3300, una réflex digital DSLR fácil de usar y apta para aficionados que comienzan en el mundo de la fotografía. Los aspectos y formas de las cámaras digitales son diversos, pero existe en todos ellos un conjunto común de mecarismos y funciones.

Figura 1.16. Partes de una cámara réflex digital Nikon D3300.

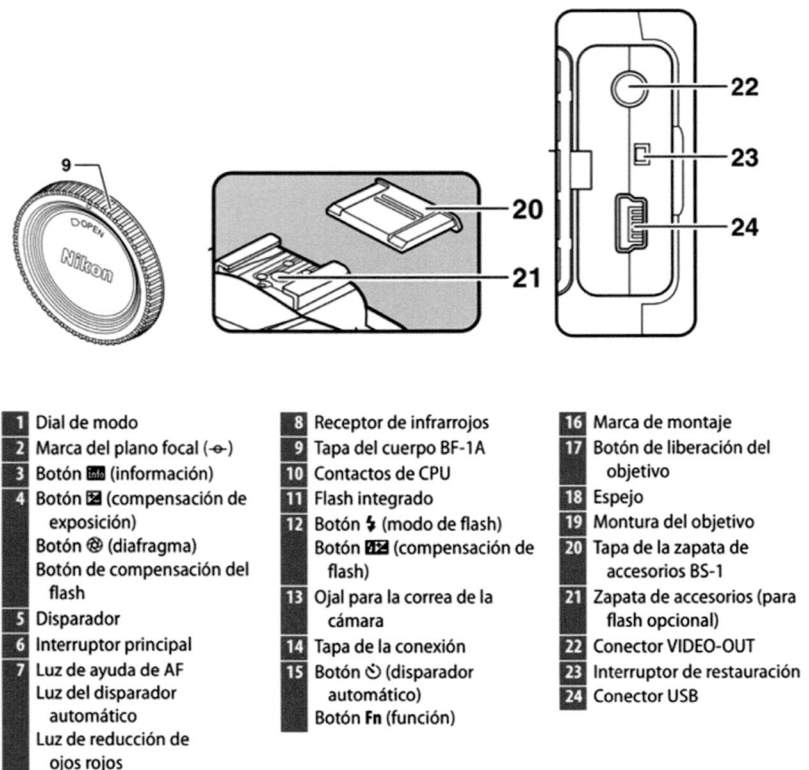

Figura 1.17. Descripción de elementos de una cámara réflex digital Nikon D3300.

1 Dial de modo	**8** Receptor de infrarrojos	**16** Marca de montaje
2 Marca del plano focal (-⊖-)	**9** Tapa del cuerpo BF-1A	**17** Botón de liberación del objetivo
3 Botón info (información)	**10** Contactos de CPU	
4 Botón ⊠ (compensación de exposición)	**11** Flash integrado	**18** Espejo
Botón ⊛ (diafragma)	**12** Botón ⚡ (modo de flash)	**19** Montura del objetivo
Botón de compensación del flash	Botón ⊠⚡ (compensación de flash)	**20** Tapa de la zapata de accesorios BS-1
5 Disparador	**13** Ojal para la correa de la cámara	**21** Zapata de accesorios (para flash opcional)
6 Interruptor principal	**14** Tapa de la conexión	**22** Conector VIDEO-OUT
7 Luz de ayuda de AF	**15** Botón ⟳ (disparador automático)	**23** Interruptor de restauración
Luz del disparador automático	Botón **Fn** (función)	**24** Conector USB
Luz de reducción de ojos rojos		

1.3.2. Controles habituales

Sensor de imagen

En las cámaras digitales la película fotográfica de una cámara analógica se sustituye por el sensor de imagen, que captará la imagen y transformará la información luminosa en una información digital. Se trata de un chip formado por millones de componentes sensibles a la luz (fotodiodos o fototransistores) que al ser expuestos capturan las ondas proyectadas de un objetivo, que compone la imagen. Desde allí la imagen es procesada por la cámara y registrada en la tarjeta de memoria.

Objetivo

Es la parte óptica propiamente dicha de la cámara y elemento fundamental para determinar las características de la imagen. Todos los objetivos llevan grabados los datos de identificación (marca, modelo, número, distancia focal en milímetros y abertura máxima de diafragma).

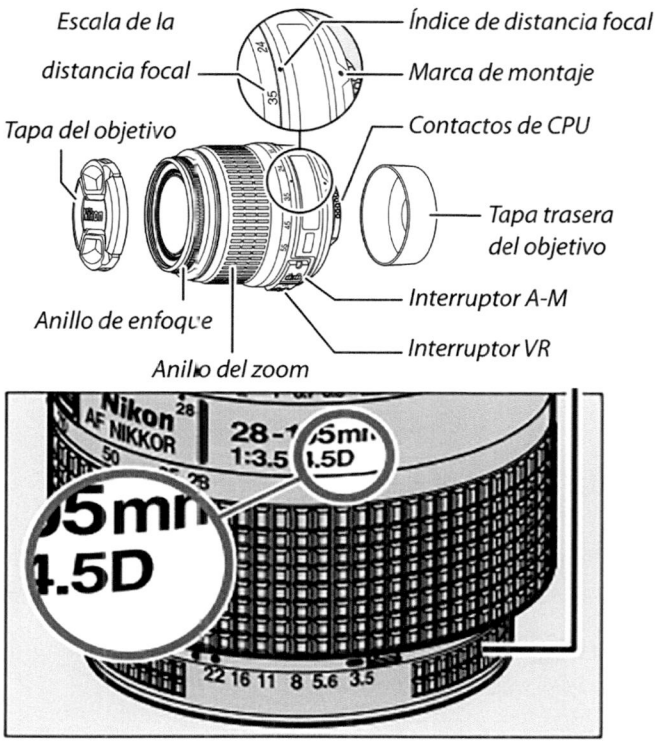

Escala de la distancia focal

Índice de distancia focal

Marca de montaje

Tapa del objetivo

Contactos de CPU

Tapa trasera del objetivo

Interruptor A-M

Anillo de enfoque

Interruptor VR

Anillo del zoom

Figura 1.18. En la zona superior, esquema del objetivo.
En la zona inferior, anillo de diafragmas con escala de valores.

De entre los elementos del objetivo destacamos el **anillo de enfoque,** un anillo con cuyo movimiento de giro se consigue un desplazamiento horizontal (avance y retroceso) de las lentes hasta situar "a foco" los sujetos que nos interesen.

El **anillo de diafragmas** es un anillo móvil en la superficie del objetivo, cerca del cuerpo de cámara, que lleva grabada la escala de diafragmas, que nos indica el valor de la abertura de diafragma seleccionada.

Los objetivos sin CPU deben utilizarse únicamente cuando la cámara esté en el modo manual.

El **diafragma** es un dispositivo situado en el interior del objetivo que permite regular la cantidad de luz que llega al sensor a través una serie discos giratorios que dejan una abertura central circular. Cuánto más pequeña es la abertura, cerrando el diafragma, menor cantidad de luz penetra en el interior de la cámara. Al abrir el diafragma, incrementamos el diámetro y permitimos el paso de mayor cantidad de luz. El diafragma debe ajustarse manualmente utilizando el anillo de diafragmas del objetivo y el sistema de medición de la cámara. Existe una escala de valores que determina cuándo el diafragma está abierto o cerrado.

Figura 1.19. Diferentes aperturas del diafragma.

1,3 2,5 3,5/4 5,6 8 11 16 22 32 45 64 90

- Los valores de la izquierda de la imagen suponen un diafragma abierto, mientras que a medida que avanzamos hacia la derecha el diafragma se cierra.

- Cada valor va a expresar el doble de luz del valor que se encuentra a la derecha, y la mitad del que se encuentra a la izquierda.

- Los valores 3,5 o 4 pueden corresponder a distintos tipos de cámaras. Ambos representan una abertura de diafragma similar.

- Las aberturas que ofrecen una mayor calidad óptica son las que se sitúan en la mitad del recorrido. Habitualmente se trata de los valores 5, 6 u 8.

Normalmente los valores de luminosidad de cada objetivo se visualizan en la parte frontal de la óptica junto con los valores del *zoom*. El valor más luminoso corresponde a la posición angular del *zoom,* mientras que el menos luminoso es el válido para la posición teleobjetivo.

Obturador

Hay dos mecanismos que regulan la exposición: el diafragma, que permite el paso de mayor o menor cantidad de luz, y el obturador, que deja pasar la luz hacia el sensor durante más o menos tiempo.

La correcta conjunción de ambos permite la exposición correcta. El tiempo de exposición se regula de forma electrónica y con ello se consigue mayor precisión, velocidades que alcanzan los 1/12 000 y mejor control en velocidades lentas pudiéndose ajustar normalmente hasta 30 segundos (s).

La velocidad de obturación se mide en fracciones de segundo. Por ejemplo, 30 será 1/30 segundos y corresponderá al tiempo en el que está abierto el obturador.

Para realizar exposiciones más largas, suele existir la opción B (o modo *bulb*) en la que el obturador se mantiene abierto durante el tiempo que mantengamos el dedo sobre el pulsador. Algunos ejemplos de apertura de obturador:

- 1/4 s, 1/2: adecuado para efectos de desenfoque, de movimiento y fotografía con poca luz. Es necesario el empleo de trípode.

- 1/4000: se trata de la velocidad más rápida disponible habitualmente para cámaras no profesionales. Se utiliza para fotografías nítidas de sujetos en movimiento rápido, con buena iluminación y una sensibilidad ISO de hasta 800.

Visor

El visor electrónico presenta los puntos de enfoque, el indicador de enfoque, la velocidad de obturación, el número del diafragma, el número de exposiciones restantes antes de que se llene la memoria intermedia, el indicador de grabación de balance de blancos, el valor de compensación de exposición, el valor de la compensación del *flash* y la sensibilidad ISO. Los fabricantes indican que los tiempos de respuesta y brillo de la pantalla del visor pueden variar de acuerdo a la temperatura.

Filtros

- Filtro UV: es un filtro indispensable en cualquier equipo. Se emplea principalmente como filtro de protección. No distorsiona la imagen y absorbe el 100 % de los rayos ultravioleta.

- Filtro CPL o polarizador: permite aumentar la saturación y el contraste de la imagen. Es adecuado para eliminar reflejos sobre superficies reflejantes como el agua o el cristal, permitiéndonos ver lo que se encuentra detrás.

- Filtro ND o de densidad neutra: reduce la cantidad de luz que entra al objetivo. Esto permite utilizar largos tiempos de exposición. Son muy útiles para fotografías a velocidades de obturación bajas y diafragmas abiertos. Algunos de los efectos más característicos son: efectos de seda en el agua o movimiento en las nubes.

1.3.3. LCD de estado de una cámara digital

La pantalla permite la visualización de imágenes y sus opciones de configuración de la cámara. Está constituida por pantalla de cristal líquido (LCD) que controla la composición y la luz, muestra una serie de funciones y menús, y permite visionar el trabajo realizado. Cuando se pulsa el botón *Info* se muestra la información de disparo, incluyendo la velocidad de obturación, el diafragma y el número de exposiciones restantes.

También es posible ajustar algunos elementos por medio del dial de control y los botones de la cámara. En la mayoría de las cámaras, la pantalla se apaga automáticamente, mientras se pulsa el disparador o si no se realiza ninguna operación durante una serie segundos.

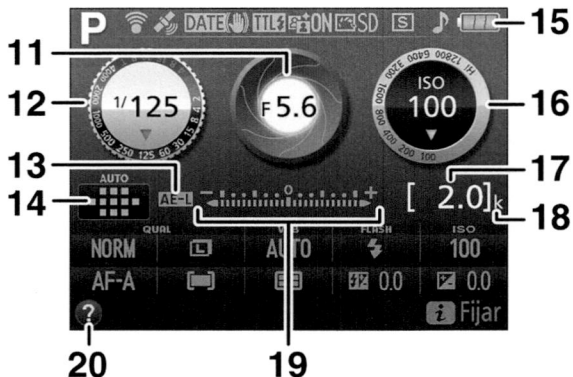

Figura 1.20. LCD: velocidad de obturación 1/125, diafragma, número f/5.6, ISO 100 y zona única de enfoque.

11. Diafragma (número f).

12. Velocidad de obturación.

13. Indicador de bloqueo de exposición automática (AE).

14. Indicador de AUTO (focus) de zona automática, indicador de seguimiento 3D y punto de enfoque.

15. Indicador de batería.

16. Sensibilidad ISO.

17. Número de exposiciones restantes. Indicador de grabación de balance de blancos.

18. "k" aparece cuando en la memoria hay espacio para mil exposiciones.

19. Indicador de exposición. Indicador de compensación de exposición.

20. Ayuda.

1.3.4. Instalación de pilas y memorias

Las cámaras digitales actuales funcionan con baterías recargables. Las baterías empleadas actualmente, de iones de litio, ofrecen más autonomía por su elevada capacidad energética y resistencia a la descarga en menos espacio (por la ligereza de sus componentes).

En el caso de la cámara Nikon D3300 se recomienda cargar la batería durante aproximadamente una hora y cincuenta minutos cuando no tiene carga. Las baterías de ion-litio sufren menos el efecto memoria (reducción de la capacidad de las baterías con cargas incompletas) que otro tipo de baterías. No obstante, se recomienda una descarga completa seguida de una carga completa una vez al mes, además realizar la carga a temperaturas superiores a 20 °C y esperar a que la batería se enfríe antes de cargarla. Antes de efectuar la carga de la batería, debe apagar la cámara y extraerla según el manual del dispositivo.

El almacenamiento de las fotografías se realiza en tarjetas de memoria, generalmente de tipo SSD. La cámara o la tarjeta pueden dañarse si se inserta la tarjeta de memoria al revés o en posición invertida. Las tarjetas de memoria están equipadas con un mecanismo de protección de la tarjeta contra escritura para evitar la pérdida de datos accidental que debe desbloquearse para permitir la escritura en la misma. Si es la primera vez que va a usar la tarjeta de memoria en la cámara o si la tarjeta ha sido formateada en otro dispositivo, es necesario formatear la tarjeta. Antes de insertar o retirar la memoria es necesario apagar la cámara y desconectar la fuente de alimentación. Por otro lado, se recomienda evitar tocar los terminales de las tarjetas con los dedos u objetos de metal.

1.3.5. Configuración inicial

Para comenzar la configuración de la cámara, debemos asegurarnos de que la batería está cargada y de que hemos insertado adecuadamente la tarjeta de memoria. Antes de encender la cámara, instalaremos un objetivo. Deberemos tener cuidado para que no entre polvo en la cámara al retirar el objetivo o la tapa del cuerpo.

Retiraremos la tapa del cuerpo de la cámara y la tapa trasera del objetivo. Observaremos la marca de montaje. Cuidadosamente alinearemos la marca de montaje del objetivo con la del cuerpo de la cámara y giraremos hasta que se escuche un clic.

Tras activar el interruptor de encendido de la cámara, desde el botón *Menú*, accederemos al menú de configuración.

- Desde *Menú > Opciones de visualización de reproducción* accederemos a información de foto adicional. A través de esta opción, podremos incorporar a las imágenes los datos: altas luces (para mostrar zonas sobreexpuestas), histograma RGB, datos del disparo e información general.

- En *Menú > Disparo* accederemos a la configuración de la calidad de imagen para seleccionar el formato de salida. Dispondremos de (JPEG+RAW, NEF RAW y JPEG).

Se aconseja activar *(on)* la opción de reducción de ruido y, en ajustes de sensi-bilidad, ajustar la ISO a 100 o 200 (dependiendo de la fotografía).

En modo de zona AF indicaremos AF punto único para que se muestre el enfo-que en el visor.

En las configuraciones de vídeo se recomienda dejar al máximo de fotogramas admitidos por la cámara; por ejemplo: 1920 × 1080; 50p, seleccionar calidad alta y habilitar la reducción de viento y los ajustes de vídeo manual.

Las siguientes opciones deben realizarse:

* En *Menú* > Zona horaria, fecha e idioma. Para configurar el idioma y ajustar el reloj de la cámara.

* En *Menú* > Pitido (alto, bajo) para configurar el sonido del pitido cuando la imagen está enfocada.

Antes de comenzar a realizar tomas es recomendable que comprobemos el ni-vel de carga de la batería y el número de exposiciones restantes.

Enfoque el visor

Tras extraer la tapa del objetivo, gire el control de ajuste dióptrico hasta que los puntos de enfoque estén nítidamente enfocados. Al utilizar el control teniendo su ojo en el visor, tenga cuidado de no meterse los dedos o las uñas en su ojo accidentalmente.

Reducción de la vibración (VR)

La reducción de la vibración puede habilitarse seleccionando activar para VR óp-tica en el menú de disparo (0230), si el objetivo es compatible con esta opción, o deslizando el interruptor de reducción de la vibración del objetivo hacia *on,* si el objetivo está equipado con un interruptor de reducción de la vibración. Al ac-tivar la reducción de la vibración, aparecerá un indicador de reducción de la vi-bración en la pantalla de información.

1.3.6. Instalación del *software* de la cámara digital

Los dispositivos DLSR deben incorporar un *software* de gestión de la cámara, generalmente en formato CD. La cámara Nikon D3300 incorpora un *software* denominado ViewNX2 que permite edición y exploración de imágenes para fo-tografías y vídeos. Es preciso, antes de realizar la comprobación, verificar si los requisitos del sistema como sistema operativo, procesador y memoria (RAM) se adecúan a nuestro PC.

1.3.7. Obtención de fotos y videoclips

Antes de tomar fotografías o vídeos es necesario desbloquear y extender el anillo del *zoom*. Si el objetivo dispone de un botón circular de objetivo retráctil, debe mantenerse pulsado el botón y a la vez girar el anillo del *zoom* hasta que se libere el objetivo. De esta manera, estamos extendiendo el objetivo. Antes de realizar el enfoque se debe girar el anillo del *zoom* para ajustar la distancia focal y encuadrar la toma. Si en la escala del objetivo seleccionamos distancias focales mayores, estaremos acercando el *zoom* y alejándolo al seleccionar distancias focales menores. Al visualizar por el visor veremos unos puntos de enfoque similares a los de la siguiente figura.

Figura 1.21. Puntos de enfoque en el visor.
El fotógrafo también puede elegir el punto de enfoque de manera manual.

Encuadraremos en el visor al sujeto principal con al menos uno de los puntos de enfoque y pulsaremos el disparador hasta la mitad para enfocar.

Finalizado el enfoque, escucharemos un pitido (en caso de que el sujeto esté en movimiento no sonará) y aparecerá un círculo en el visor, el indicador de enfoque (en la imagen anterior, el punto ubicado junto a AE-L). Por último, se pulsa el disparador suavemente hasta el fondo para la toma y se visualiza la fotografía en la pantalla.

1.3.8. Conceptos básicos de obtención de fotos

El enfoque

Para enfocar con una cámara réflex basta girar el anillo de enfoque hasta que la imagen se vea nítida. Al enfocar hacemos coincidir los rayos de luz que inciden en la cámara en un punto llamado foco, que a su vez coincidirá con el sensor de la cámara. Cuando enfocamos, estamos enfocando una distancia; si el sujeto se mueve antes de disparar, debemos reenfocar, porque la distancia del sujeto habrá variado.

Técnicamente, la distancia focal es la distancia que hay entre el centro óptico del objetivo y el sensor donde se forma la imagen cuando se enfoca a un sujeto al infinito.

En la Figura 1.21 se puede apreciar la numeración de la distancia focal en el objetivo. Se denomina objetivo normal a aquel con el que se obtienen fotografías con una perspectiva natural, como la que tendría el ojo humano al observar la imagen.

No todos los modelos de cámaras disponen del mismo tamaño del sensor y esto influirá en la distancia focal y variará el concepto de objetivo normal. Por ejemplo, hay objetivos normales de 35 mm para cámaras de pequeño formato o de 150 mm para cámaras de gran formato. En cámaras de formato medio, la distancia focal normal es de 75 mm.

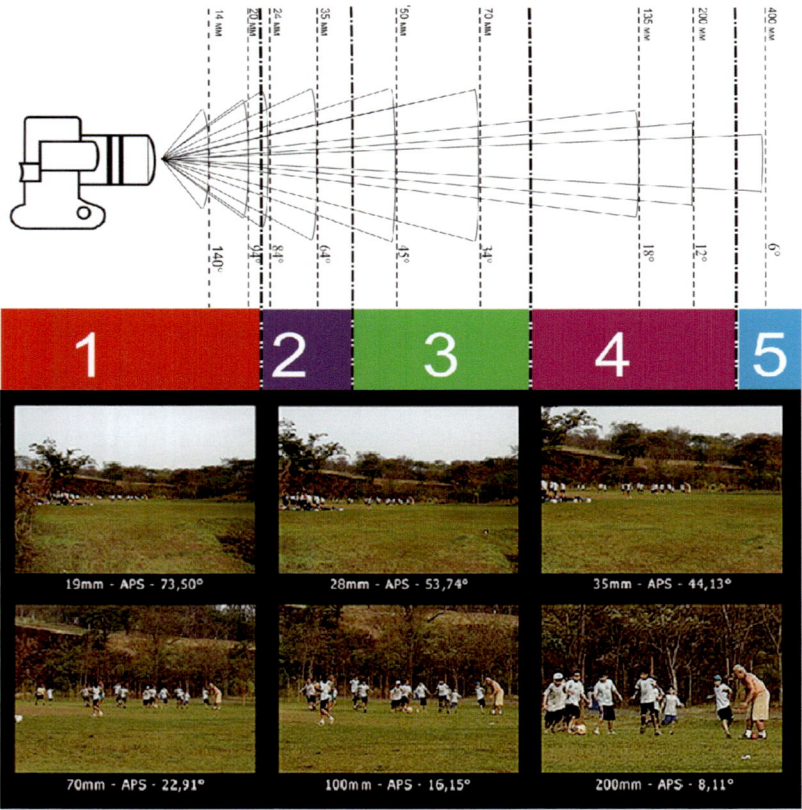

Figura 1.22. En la zona superior, objetivos fotográficos con distancia focal y ángulo. En la zona inferior, imagen a diferentes distancias focales. 19 mm zona 1, 28 mm zona 2, 44 mm zona 3, 70 mm zona 3, 100 mm zona 4, 200 mm zona 4.

Las cámaras DSLR actuales disponen de varios métodos de enfoque:

- Autofocus simple o de un solo disparo: al apretar el botón de disparo leve-mente el enfoque queda bloqueado hasta que se dispara. La cámara solo enfoca una vez. Este método se utiliza para fotografías estáticas e instantá-neas.

- Autofocus modo continuo o AI-Servo: al apretar el botón de disparo leve-mente el sujeto queda enfocado y, si este se mueve de repente, la cámara reenfoca. Este modo se utiliza para motivos que se muevan de forma impre-decible, como niños, animales, etcétera.

- Autofocus AF-A o AI Focus: mientras se aprieta el botón de disparo la cáma-ra enfoca continuamente. Se emplea cuando se prevé que una situación es-tática puede convertirse en una en movimiento, este modo permite pasar de un sistema estático a seguir al sujeto en movimiento de forma automática.

La nomenclatura del tipo de enfoque difiere para los fabricantes: AF-S, AF-C, AF-A para Nikon, y One Shot, AI-Servo e AI Focus para Canon.

El enfoque dependerá de la creatividad e intención del fotógrafo. Generalmente se enfoca el objeto que queremos destacar sobre el resto, pero dependerá del tipo de fotografía que pretendamos. Por ejemplo, en retratos se suele enfocar en los ojos, en paisajes se debe enfocar la distancia hiperfocal (mínima distancia a la que se puede enfocar de modo que todo lo que se encuentre tras el punto de enfoque sea nítido) para conseguir la máxima nitidez, etcétera.

Zoom óptico y digital

Un *zoom* óptico es un objetivo que permite variar la distancia focal y abarcar mayor o menor campo visual. La imagen que se quiere fotografiar se forma me-diante el sistema de lentes que conforman la óptica. El *zoom* digital permite re-cortar el campo cubierto y aumentar así la imagen a través de software, por interpolación. Sin embargo, la calidad del aumento obtenido electrónicamente es muy inferior a la que proporciona un buen conjunto óptico. Un *zoom* digital, a pesar de permitir aumentar en gran medida la imagen, producirá efecto de pi-xelado cuando esta se amplíe excesivamente, a la vez que se observará ruido.

El rango del *zoom* se refiere al grado de variación que permite un objetivo en-tre sus dos posiciones extremas (el número de aumentos que puede proporcio-nar). Un rango de 10:1, por ejemplo, significa que la imagen que capta en posición angular puede ampliarse diez veces. El resultado visual será como aproximar una parte de la escena al espectador. La mayoría de cámaras com-pactas incorporan rangos de *zoom* elevados, pero generalmente son aumentos digitales, no ópticos.

El *flash*

Físicamente una cámara réflex puede admitir al menos los tres siguientes tipos de *flash:*

- *Flash* integrado: viene incorporado en las cámaras y se encuentran muy cerca del objetivo. Suelen incorporar funcionalidades programadas como: automático, reducción de ojos rojos, sincronización lenta automática y *flash* de relleno, entre otras.

- *Flash* externo: aumenta notablemente la distancia entre la fuente de luz y el objetivo. Cuenta con una potencia quince veces superior a la del *flash* integrado, y esta potencia se traduce en la posibilidad de utilizar menores aperturas, consiguiendo sensibilidades ISO menores y profundidades de campo mayores, reduciendo así el ruido digital de la fotografía. Su empleo tiene como ventaja la posibilidad de extraerlo de la parte superior de la cámara y posicionarlo en un lugar remoto para dotar de diferente iluminación a la fotografía. Básicamente existen tres modos de conexión del *flash* a la cámara: directamente colocado en la zapata del cuerpo de la cámara, conectado a la cámara mediante un cable y con activación sin cable. El *flash* externo se caracteriza por:

  a) La potencia o número de guía: a mayor numero guía, mayor será la potencia del *flash* y, por tanto, mayor luz permitirá añadir en la escena. La potencia de un *flash* se calcula de acuerdo a la siguiente fórmula:

  $$NúmeroGuía = Distancia\ del\ sujeto \times apertura\ del\ diafragma$$
  $$(valor\ de\ f/) \times ISO/100$$

  b) Si el cabezal del diafragma es fijo o gira en ambos sentidos (vertical y horizontal).

  c) Si dicho cabezal tiene *zoom* y a qué distancias focales trabaja.

  d) Si tiene modo manual y automático (TTL).

- *Flash* macro: empleado en la macrofotografía o fotografía de sujetos cuyo tamaño de captación es igual o superior al de nuestro sensor, por ejemplo, insectos.

  El *flash* específico este tipo de fotografía se sitúa en el frontal del objetivo usando la rosca para filtros. Este tipo de *flashes,* de tipo circular, se compone de dos fuentes de luz a derecha y a izquierda, y dan como resultado una luz frontal homogénea, sin sombras, pero anulando también los volúmenes. Es muy adecuado para superficies no brillantes, como flores o mariposas, pero de uso poco estético para, por ejemplo, ojos.

Los modos habituales de configuración del *flash* que viene incorporado en las cámaras réflex son:

- Modo TTL *Through The Lens* ('a través de la lente') o modo de *flash* automático: en el que el exposímetro de la cámara realiza la medición y le comunica al flash de la potencia de luz necesaria para que la fotografía resultante esté correctamente expuesta.

- Modo manual: más complicado pero el ideal para escoger los valores necesarios. Es posible ir bajando la intensidad del *flash,* desde potencia máxima o 1/1 a 1/2, 1/4, 1/8, 1/16, 1/32, 1/64, 1/12, etc., para lograr una correcta medición y exposición de tus fotografías.

Figura 1.23. A la izquierda, un *flash* macro; a la derecha, un *flash* externo.

Modificación de la calidad de la imagen

Resolución

Las cámaras digitales prestan una calidad de resolución que se expresa en megapíxeles. Así, por ejemplo, una cámara de 8 MP es aquella capaz de tomar una fotografía con 8 millones de píxeles. El número máximo de píxeles está determinado por la potencia del sensor de una cámara. A continuación se muestra una tabla con la resolución aconsejada en fotografía, el número de píxeles necesarios para la resolución de la foto en función de la calidad:

Tabla 1.2. Formato en centímetros de formatos digitales

	Formatos digitales					
Formato cm	10 × 13	11 × 15	13 × 17	15 × 20	15 × 38	20 × 27
Tamaño píxel 300 dpi	1121 × 1499	1345 × 1794	1499 × 1994	1794 × 2384	1794 × 4545	2396 × 3198
Tamaño píxel 200 dpi	747 × 999	896 × 1196	999 × 1329	1196 × 1576	1196 × 2989	1597 × 2132
Tamaño píxel 100 dpi	560 × 749	673 × 897	749 × 997	897 × 1192	897 × 2242	1198 × 1599

Relación de aspecto

Se trata de la proporción de altura. Se calcula dividiendo el ancho por la altura de la imagen visible y se expresa como X:Y. En fotografía, las proporciones más usadas son 4:3 y 3:2, 5:4 y 1:1 (cuadrado).

- 4:3. Es una relación empleada en cámaras digitales compactas y la mayoría de las cámaras de los *smartphones.*

- 3:2. Es la relación equivalente a la película de 35 mm. El estándar universal en fotografía en el que disparan prácticamente todas las cámaras réflex de hoy en día. Tiene una clara dominante horizontal para el ojo humano.

- 5:4. Se trata del tamaño más estandarizado para la fotografía de gran formato. Es el estándar al que pertenece la resolución 1280 × 1024.

Cuando realizamos una toma debemos tener en cuenta si nuestra fotografía será horizontal o vertical.

- 2:3. El formato vertical para 3:2 será apto para sujetos verticales o paisajes que queremos que transmitan profundidad. El ojo humano está más acostumbrado a realizar trazados de exploración en horizontal, por eso, esta proporción supone el límite de verticalidad para panorámicas verticales, cualquier relación de aspecto más vertical que 2:3 podría considerarse panorámica.

- 3:4. Formato vertical para 4:3. En vertical resulta muy cómoda a la hora de componer y de observarla. Es el formato estándar para fotografía vertical, aunque no transmite tanta profundidad como el 2:3.

- 1:1. Es una relación equilibrada donde la vista converge hacia el medio. Hoy en día es muy popular por el uso en redes sociales y otros medios. Las fotos para pasaporte usan esta relación en dimensiones de 2 × 2 pulgadas.

Aunque existen algunas cámaras que al modificar la relación de aspecto en sus ajustes únicamente recortan la imagen, hay otras que modifican el ángulo de visión, permitiendo así aprovechar de mejor forma el sensor de nuestro dispositivo.

Trabajar con RAW

Para poder usar las imágenes RAW de nuestra cámara en el PC deberemos:

a) Instalar el códec para Windows: el módulo de *software* códec que permite gestionar los archivos RAW correspondiente a la cámara. En el caso de Nikon se puede realizar su descarga a través del Nikon Download Center, buscando NEF Codec. Comprobaremos entre los requisitos del códec el tipo de sistema operativo, la CPU y la versión de la cámara SLR digital que estemos empleando.

b) Disponer de un software para la edición de formatos RAW. Existe *software* comercial como Adobe Photoshop a través de su complemento ACR. Por otro lado, en *software* libre tenemos ejemplos como Gimp usando el complemento UFRaw o la herramienta RawShooter Essentials, sencilla de emplear e intuitiva.

c) Con RAW podemos trabajar por zonas, recuperando iluminación (por ejemplo, recuperar zonas quemadas), sombras o modificando colores, potenciándolos.

Reducción de ruido

Existen, de manera general, dos tipos de ruido. El primero ocurre cuando la luminosidad genera irregularidades de claridad, pero sin presentar colores falsos. El segundo afecta de manera diferente a los canales de la imagen y hace aparecer colores falsos, presentando manchas de colores frío y cálido. Estas cuestiones pueden tratarse en preprocesado con herramientas de edición como Photoshop.

Es importante ajustar los parámetros que puedan ocasionar ruido en la toma de la fotografía. Por ejemplo:

- Si usamos el modo de exposición semiautomático, deberemos configurar un nivel bajo de ISO para que el sensor sea menos sensible a la luz.

- Usa una velocidad de obturador más alta, o mejor, evita exposiciones prolongadas.

- Es posible emplear una velocidad de obturador más alta, incluso evitar exposiciones prolongadas: las exposiciones de diez segundos o más hacen que el sensor de la cámara se sobrecaliente más rápido y producirán ruido.

- Incorpora otra fuente de luz para hacer que las exposiciones estén lo más iluminadas posible. Como las luces brillantes pueden generar resplandores de luz, debemos evitar que estén demasiado cerca.

Modos de captura

Los modos de disparo dependerán del tipo de cámara y su categoría. No obstante, entre los más comunes de los diferentes fabricantes destacamos:

- P (*Programmed Auto*). La cámara programa automáticamente la velocidad de obturación y abertura de diafragma en función de la luz disponible, pero permite elegir algunos valores como el balance de blancos, la sensibilidad ISO, la compensación de la exposición, etcétera.

- S (*Shutter Priority*). La cámara se coloca en el modo de exposición de prioridad a la velocidad de obturación. El fotógrafo selecciona manualmente la velocidad de obturación, y la cámara ajusta el valor de diafragma adecuado para lograr la exposición correcta. Habitualmente la cámara dispone de un sistema de aviso en el caso de que el fotógrafo seleccione unos valores de obturación que provoquen una exposición incorrecta. Esta modalidad de exposición resulta adecuada cuando trabajamos con motivos en movimiento que precisamos reproducir nítidamente.

- A (*Apertura Priority*). Se trata de un modo inverso al anterior. La cámara se coloca en el modo de exposición de prioridad a la abertura, el fotógrafo selecciona un valor concreto de diafragma, y la cámara ajusta el valor necesario de obturación para lograr la exposición adecuada. Es importante no escoger un valor que motive una subexposición o sobreexposición. Este modo es útil en aquellas tomas en las que se desee controlar la profundidad de campo.

- M (*Manual*). El fotógrafo tiene la libertad para configurar los valores de diafragma y velocidad de obturación. Permite exponer voluntariamente para las sombras o las altas luces. En este modo es factible realizar exposiciones de varios minutos dejando el obturador abierto. En algunos modelos existe el modo semimanual, en el que se permite modificar bien la velocidad de obturación (S, Tv) bien la prioridad de apertura (A, Av).

Ajustes equilibrio de blancos

La mayoría de las cámaras digitales, desde las DSLR de alta gama hasta las cámaras digitales sencillas, tienen una serie de ajustes de balance de blancos (White Balance, WB) como Automático, Soleado, Nublado, Sombra, Flash, Fluorescente, Personalizado y Kelvin. El balance de blancos es simplemente un «filtro digital» que corrige una imagen para el color de la fuente de luz con el fin de grabar y mostrar una imagen con los colores correctos. Una configuración de valor de Kelvin más alto compensa la imagen para hacerla parecer más cálidas (anaranjadas o rojas), un valor de K inferior hace que las imágenes parezcan más frías (azules).

El ajuste K o Kelvin manual permite un control más fino: como se muestra en la Tabla 1.3, un ajuste soleado puede corresponder a 5500 K, y un ajuste sombra corresponde a 7000 K.

Por otro lado, si se desea que la imagen aparezca más cálida y se está disparando a la luz del sol, puede seleccionar el balance de blancos nublado. Si se desea que parezca aún más cálido, se puede seleccionar el balance de blancos sombra. En caso de querer una imagen más fría y estar disparando a la luz del sol, podríamos seleccionar el balance de color fluorescente.

Tabla 1.3. Correspondencia Kelvin y fuentes de luz

	Temperatura	Fuentes Típicas		Temperatura	Fuentes Típicas
	1000 K	Velas, lámparas de aceite		6000 K	Día muy soleado con cielo despejado
	2000 K	Amanecer muy temprano, lámparas de tungsteno		7000 K	Cielo ligeramente nublado
	2500 K	Bombillas caseras		8000 K	Cielo brumoso
	3000 K	Luz ce estudio, *photo floods*		9000 K	Sombra amplia en un día despejado
	4000 K	Lámparas de magnesio claras [obsoletas]		10000	Cielo muy brumoso
	5000 K	Luz de día normal, *flash* electrónico		11000 K	Cielos azules sin sol
	5500 K	El sol de mediodía		20000+K	Sombra amplia en montañas o día muy despejado

Como recomendación, cuando hay poca luz, las fotos se pueden ver ligeramente anaranjadas. Para corregir esta situación, se debe seleccionar el preajuste manual de balance de blancos (Nikon D3300), apuntar con la cámara a una superficie blanca o gris y pulsar el disparador. De esta manera, la cámara medirá el balance de blancos de la superficie y utilizará esta medición para ajustar la apariencia de los colores.

Velocidad ISO

La sensibilidad ISO se refiere a la rapidez con la que reaccionará el sensor digital a luz. Para controlar la luz que entra en nuestra cámara, contamos con tres parámetros fundamentales, el conocido como «triángulo de la exposición»: diafragma, velocidad de obturación y velocidad ISO. La diferencia principal entre la sensibilidad ISO y los otros dos parámetros es que tanto la velocidad de obturación como el diafragma permiten pasar naturalmente más o menos luz hacia el sensor de la cámara, mientras que la ISO permite amplificar digitalmente la señal, proporcionando una ganancia de luz, pero reduciendo la calidad de la imagen.

De esta manera, cuanto mayor sea la sensibilidad ISO, menos luz se necesitará para realizar la exposición, permitiendo el uso de velocidades del disparador mayores o diafragmas inferiores.

Los sensores disponen de una sensibilidad base (normalmente ISO 100 o 200) con la que se obtienen imágenes de mejor calidad. Cuando hacemos fotos empleando la sensibilidad base, el sensor recibe mucha luz y la señal no necesita apenas amplificación. En este caso, la relación señal/ruido es alta, por lo que el ruido no afecta a la imagen.

A medida que aumentamos la velocidad ISO, necesitaremos una menor exposición, disminuyendo así la cantidad de luz que llega al sensor y empeorando la relación señal/ruido. Al haberse capturado menos fotones, se necesita una mayor amplificación y, por tanto, estaremos amplificando también el ruido.

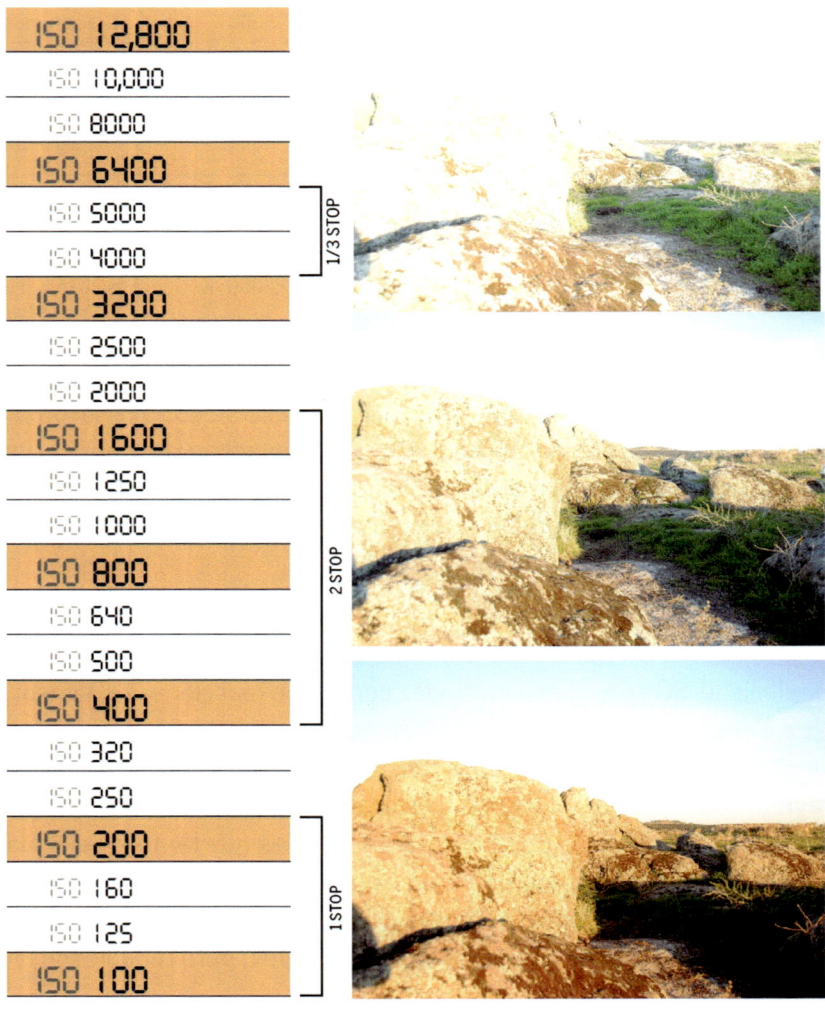

Figura 1.24. A la izquierda, valores de ISO con los diferentes pasos. A la derecha, la misma fotografía disparada con tiempo de exposición T 1/100 s, punto F: 1/40, distancia focal 23 mm e ISO 400, ISO 200 e ISO 100 (de arriba abajo). Como se puede apreciar, el incremento de ruido, sobre todo en las zonas oscuras, es muy significativo.

Las cámaras digitales suelen ofrecer la posibilidad de ajustar la sensibilidad ISO en pasos completos, llamados *stops*. En algunas cámaras hay posibilidad de seleccionar pasos intermedios de 1/3.

Ajustes de saturación y nitidez

La saturación permite realzar o disminuir la intensidad de los colores de la imagen. Un color es más intenso cuanto más puro es y menos intenso cuanto mayor sea su mezcla con blanco o gris. Una imagen con colores saturados dará la impresión de gran vivacidad y, si la llevamos al extremo, puede parecer irreal. Una imagen con saturación baja da la impresión de colores lavados y sensación apagada.

La nitidez permite realzar o disminuir el microcontraste entre píxeles muy próximos, dando a la imagen una sensación de mayor o menor agudeza visual. Una imagen muy nítida puede parecer frenética a la vista, mientras que una poco nítida tendrá un aspecto más borroso y desvanecido. Aunque no hay reglas fijas, cada tipo de imagen requiere un grado de nitidez diferente. Por ejemplo, un grado alto de nitidez en un paisaje destacará en él todos los detalles y matices. Un retrato se mostrará mejor con una nitidez normal para así suavizar las imperfecciones de la piel.

La nitidez depende de algunos factores controlables, como puede ser la distancia focal o las vibraciones, y otros, como pueden ser las propias limitaciones de la cámara. En los menús de configuración de las DSLR se podrán ajustar los parámetros de nitidez, contraste, brillo, saturación y tono de manera manual o automática a través de los modos preconfigurados: estándar, neutro, intenso, monocromo y retrato o paisaje.

1.3.9. Otros recursos

CameraSim es un *software* comercial simulador de cámaras DSLR que explica visualmente cómo los ajustes de la cámara afectan en la toma de una fotografía. Se trata de una herramienta muy útil para estudiantes y profesores, disponible en diferentes idiomas para dispositivos móviles (Android, IOS), Mac, PC y formato web. En versiones básica y pro, excepto para la versión *online,* que muestra un ejemplo de simulación desde la siguiente URL http://camerasim.com/apps/original-camerasim/web/. Diseñado por Jonathan Arnold (@Jon_Arnold).

Con él podemos practicar los siguientes ejercicios:

1 Ajustar la velocidad de obturación y la apertura para lograr una correcta exposición usando el exposímetro.

2. Tomar una foto del cuerpo entero e intentar que tanto el sujeto como el fondo se vean nítidos, cerrando el diafragma y utilizando valores altos de apertura.

3. Intentar disminuir con el valor de la ISO.

Figura 1.25. A la izquierda, simulador del *software* CameraSim y, a la derecha, *hardware* calibrador Spyder 5.

1.4. Guardar imágenes obtenidas en el sistema informático

Para transferir las fotos y vídeos sin extraer la tarjeta de memoria de la cámara deberemos:

- Conectar el cable USB del ordenador a la cámara, encender la cámara e iniciar el *software* Nikon Transfer 2 de ViewNX 2. Haremos clic en *Importar imágenes y vídeo*.

  A continuación, desde el menú *Importar archivo* con Nikon Transfer 2 haremos clic en *Aceptar*. Haga doble clic en *Importar archivo*. Visualizará una galería de imágenes y vídeos en miniatura. Haga clic en *Iniciar transferencia*. Las imágenes y vídeos de la tarjeta se copiarán a su ordenador bajo los ajustes predeterminados.

- Si tenemos ranura para SD en el PC, es posible insertar directamente la tarjeta de memoria en la ranura y, una vez reconocida como nuevo dispositivo, acceder a la carpeta DCIM y copiar las imágenes y vídeos al ordenador.

1.5. Impresión de imágenes

Si vamos a imprimir una imagen en una impresora doméstica, o bien en un servicio de preimpresión, necesitaremos considerar:

- Tipo de imagen y calidad. Las imágenes más sencillas, como el arte lineal, pueden utilizar solamente un nivel de gris. Una fotografía tiene tonos de color que varían. Determinar para las imágenes de mapas de bits cuál es la mejor resolución de imagen para una impresora es complejo. Puede seguirse la fórmula:

$$lpp \times 2 = ppp$$

Donde lpp son las líneas por pulgada determinadas por el tipo de papel (150 lpp para papel recubierto, 85 lpp para periódico, etc.); y 2 es un factor basado en la capacidad de rasterización del escáner.

Para imágenes vectoriales, sabemos que a la hora de imprimir es mucho más fácil ajustar su tamaño al soporte impreso. Se recomienda enviar los datos a una impresora tipo PostScript. Así, se generará una imagen independiente de cada capa de texto y de cada capa de forma vectorial, separando el contorno y el relleno de la imagen al imprimir.

La calidad de impresión de una imagen de mapa de bits dependerá de a resolución de la imagen (píxeles por pulgada) y de la resolución de la impresora (puntos por pulgada). La calidad de impresión de una imagen vectorial dependerá del tipo de impresora.

- Posición y escala de las imágenes. El tamaño de salida base de una imagen viene determinado por los ajustes de tamaño del documento en el cuadro de diálogo.

Al cambiar la escala de una imagen en el cuadro de diálogo en el momento de imprimir (de la herramienta en cuestión), se cambiarán solo el tamaño y la resolución de la imagen impresa. Muchos *drivers* de impresora proporcionan una opción de escala en la configuración de los ajustes de impresión. Esta escala afecta a todos los elementos de la página. Herramientas como Adobe Photoshop permiten además cambiar la posición de una imagen en el papel y la impresión de parte de una imagen.

- Color de la imagen. Las impresoras de escritorio no reproducen todos los colores mostrados en el monitor, pero empleando un *software* con un sistema de gestión de color se pueden conseguir resultados predecibles. Deberemos tener en cuenta que:

  a) Por lo general, las impresoras domésticas aceptan datos RGB y emplean un *software* interno para convertirlos en CMYK. Si la imagen está en RGB conviene que sigamos trabajando en este formato.

  b) Es necesario usar un monitor calibrado (con brillo, contraste y gama de colores ajustados). Se puede calibrar un monitor a través de *softwares* de calibrado, como Calibrize para Windows, o *Calibración de color de pantalla* en Windows 10 (en el panel de control) y OS X El Capitán (en el menú de pantallas) en Mac. También puede calibrarse un monitor por *hardware,* usando un calibrador profesional (se puede ver un ejemplo del calibrador Spyder 5 en la Figura 1.25).

c) La caracterización consiste en crear un perfil que describa cómo procesa el color la pantalla. Se enviarán los valores RGB conocidos a la pantalla y se medirá la salida de los mismos colores en Lab. El resultado es un modelo matemático que describe el uso del color del dispositivo.

1.6. Manejo de catálogos de imágenes

Para la organización, tratamiento de imágenes digitales y trabajos de postproducción de las imágenes estudiaremos la herramienta Adobe Lightroom. Se trata de un programa de fotografía digital para Mac OS X y Microsoft Windows, con el que podremos seguir el flujo de trabajo de la fotografía de manera ordenada, desde la importación de las imágenes desde la cámara hasta la obtención de la imagen final (incluyendo su retoque). Es posible probar este *software* de Adobe durante siete días, descargándolo desde la URL http://www.adobe.com/es/downloads.html. El proceso de instalación es muy sencillo.

1.6.1. Creación de catálogos

Un catálogo es una base de datos que almacena un registro para cada una de sus fotos. Este registro contendrá sobre cada foto: una referencia a la ubicación de la foto en el sistema, instrucciones para procesar la foto y metadatos, como calificaciones y palabras clave que aplica a las fotos para ayudar a organizarlas o encontrarlas.

Deberemos establecer una zona física para el almacenamiento de las fotografías bien en una partición del disco duro, bien en un disco externo. Se recomienda emplear un disco principal para almacenar el catálogo creado por Lightroom y los archivos fotográficos asociados, y un segundo disco para almacenar una copia exacta del principal a modo de copia de seguridad. A continuación, se aconseja seleccionar un método de organización para mantener el orden del catálogo. Una vez iniciamos la aplicación Lightroom, detectará si disponemos de Adobe Photoshop Elements e importará el catálogo que tengamos creado. Desde *Archivo > Nuevo Catálogo* crearemos uno nuevo.

Al crear un catálogo, se añade un directorio con el nombre del catálogo que incluirá un archivo de catálogo de tipo *lrcat*. Este fichero mantendrá los ajustes del catálogo. Deberemos especificar el nombre y la ubicación de la nueva carpeta de catálogo y, a continuación, hacer clic en *Guardar* (Windows) o *Crear* (macOS).

Figura 1.26. Adobe Photoshop Lightroom, zona de trabajo. Junto al botón *Exportar*, las vistas Cuadrícula (por defecto), Lupa, Comparación, Encuesta y Gente. La séptima fotografía, seleccionada, figura marcada con estrellas, etiquetada con palabras clave, geolocalizada y con etiqueta de color rojo.

1.6.2. Organización del catálogo

Para cambiar los ajustes de catálogo, desde *Editar > Ajustes de catálogo* (Windows) o *Lightroom > Ajustes de catálogo* (macOS), será posible:

- Especificar la frecuencia con la que se realizará una copia de seguridad del catálogo actual, elegir el tamaño de previsualización estándar (1920 px, 1024 px, 1440 px, 1680 px, 2048 px y 2880 px) e indicar la calidad de previsualización (alta-media-baja).

- Indicar los números de secuencia de inicio para las fotografías cuando se importan. El número de importación es el primer número de una serie que identifica la cantidad de operaciones de importación que se han ejecutado.

Desde la ficha de *Metadatos,* tendremos la posibilidad de:

- Incluir ajustes de revelado en los metadatos dentro de los archivos JPEG y TIFF.

- Permitir buscar la ciudad, el estado y el país de las coordenadas GPS para sugerir direcciones.

- Exportar sugerencias de dirección.

- Detectar automáticamente las caras en todas las fotografías.

Desde el menú *Editar > Preferencias > Generales* indicaremos a Lightroom que al iniciar la herramienta abra un catálogo específico o solicite que se elija un catálogo.

Desde el panel *Carpetas* del módulo *Biblioteca,* se muestran las carpetas o directorios que contienen las fotografías. Pueden visualizarse haciendo clic en el triángulo desplegable *Carpetas.*

Desde el módulo *Biblioteca,* se pueden clasificar las fotografías a través de etiquetas de color, estrellas de clasificación e indicadores. Para mostrar estos indicadores y etiquetas, seleccione *Vista > Opciones de visualización.* A continuación, desde la vista de cuadrícula se puede definir:

a) Estrellas de clasificación: seleccionando una o varias fotografías y haciendo clic en uno de los cinco puntos situados debajo de la miniatura (observa las diapositivas 3 y 7 en la Figura 1.26).

b) Colores de etiqueta/indicadores: seleccionando una o varias fotografías y haciendo clic en el botón derecho del ratón seleccionar *Definir etiqueta de color* o *Definir indicador.* Los indicadores indican si una imagen está marcada como selección a través de una bandera, rechazada o sin indicador.

Una vez que las fotografías se han señalado con indicadores, clasificado con estrellas o con colores de etiqueta, se podrán listar haciendo clic en el botón *Filtro* situado en el panel inferior, en la tira de diapositivas. Eliminaremos cualquiera de las clasificaciones previas seleccionando las fotografías y accediendo al menú *Fotografía > Definir clasificación > Ninguna,* o haciendo clic con el botón derecho sobre las fotografías.

1.6.3. Uso del catálogo

Algunas de las acciones que se pueden realizar una vez creado el catálogo de fotografías son:

- Abrir un archivo en el *Explorador de Windows* o en *Finder:* seleccionando la fotografía y accediendo a *Fotografía > Mostrar en Explorador* o *Mostrar en Finder.*

- Cambiar el nombre de las fotografías: seleccionando una o varias fotografías y accediendo a *Biblioteca > Cambiar nombre de fotografías.*

- Rotar y voltear fotografías. Por defecto, las imágenes importadas se rotan automáticamente si incluyen metadatos de orientación. De lo contrario, se pueden rotar las fotografías manualmente desde el menú del botón derecho del ratón.

- Convertir fotografías a DNG. Cuando los archivos RAW de la cámara se convierten a formato DNG, estos sustituyen a los originales en el catálogo. Se selecciona una o más fotografías y se accede al menú *Biblioteca > Convertir fotografías a DNG.* Existe la opción de eliminar o conservar las imágenes originales en el disco después de la conversión.

- Comparar dos fotografías. Seleccionando dos imágenes en el panel inferior y haciendo clic en el icono de comparación X|Y. Podremos realizar *zoom* en ambas imágenes.

Figura 1.27. Comparación de fotografías en Adobe Lightroom.

- Definir colecciones. Las colecciones son grupos de fotografías dentro de un catálogo, realizados bien para una fácil visualización, bien para la ejecución de diversas tareas. Una fotografía puede pertenecer a más de una colección. Para crear una colección, seleccionaremos las fotografías y haremos clic en el icono de signo más (+) del panel *Colecciones* y elegiremos *Crear colección.* En el cuadro de diálogo Crear colección, escribiremos un nombre en el cuadro *Colección.*

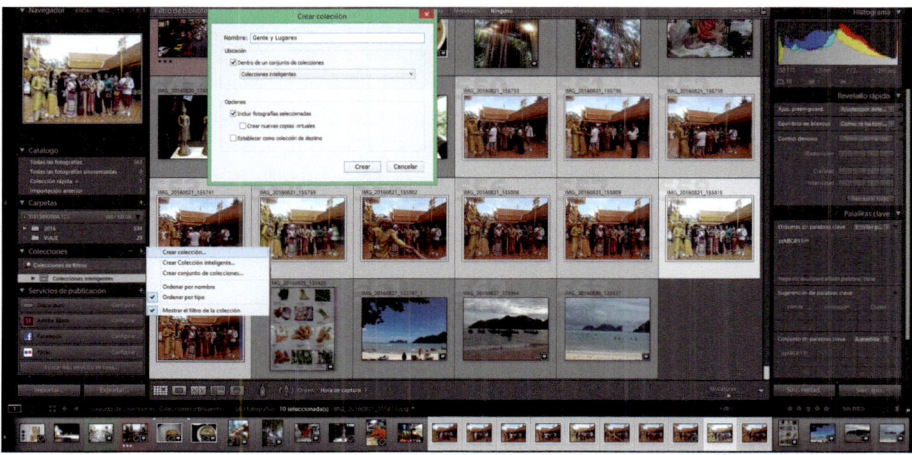

Figura 1.28. Colección Gente y Lugares, con las fotografías seleccionadas.

1.6.4. Incorporación de imágenes al catálogo

A partir del botón *Importar,* seleccionaremos el/los origen/es de las imágenes. Algunas de las características de los catálogos en Lightroom:

- Se pueden colocar fotografías en varios catálogos y combinar o fusionar catálogos.

- Es posible crear varios catálogos de Lightroom, pero se recomienda trabajar solo con uno. No hay un límite en el número de fotografías para un catálogo.

- Lightroom ofrece múltiples formas de ordenar, filtrar y organizar de distintos modos o buscar las fotografías dentro de un catálogo. Por ejemplo, se pueden utilizar carpetas, colecciones, palabras clave, etiquetas y clasificaciones.

- Tras elaborar un catálogo, si se necesitan mover fotografías o cambiarles el nombre, deberemos realizar estas tareas en Lightroom, sin usar el *Explorador* (Windows) o *Finder* (macOS), ya que se desvincula el catálogo de su contenido.

Figura 1.29. Zonas del catálogo: a la izquierda, el panel del catálogo, sus carpetas, colecciones y servicios de publicación. Zona superior: opciones *Biblioteca* (actual), *Revelar* (edición de fotografías), *Mapa* (geolocalización de fotografías), *Libro* (diseño de libros de fotografía para autoedición o impresión PDF), *Proyección de fotografías, Imprimir* (fotografías editadas en JPEG o impresora). Zona derecha: *Histograma* y asignación de palabras clave.

Además, podremos importar fotografías o vídeos al catálogo actual, de un catálogo a otro catálogo e importar desde un catálogo de Photoshop Elements, desde el mismo volumen o desde otros.

Se pueden especificar opciones para administrar las fotografías nuevas y las que ya aparecen en el catálogo actual. Desde *Archivo > Importar desde otro catálogo,* seleccione el catálogo y especifique las fotografías que se van a importar. Al copiar o mover fotografías al catálogo durante su importación, se pueden especificar los nombres de los archivos: desde el panel *Administración de archivos* seleccione *Cambiar nombre de archivos.*

También es posible aplicar metadatos y palabras clave en las fotografías durante su importación, desde el menú *Metadatos.*

A continuación, en la Figura 1.30, la información del catálogo se verá actualizada en [1]. Es posible incorporar fotografías de cuatro formas diferentes a) Copiar (copia los archivos en la carpeta seleccionada), mover (a una localización nueva, desaparecerán de su ubicación original y además se incorporarán al catálogo), añadir (añadir al catálogo sin moverlas, simplemente se añaden los metadatos) y copiar como DNG (copia las fotografías en la carpeta que se elija y convierte los archivos RAW de la cámara al formato de negativo digital DNG); puede verse en [2]. Al eliminar fotografías, simplemente podremos desvincularlas del catálogo con *Quitar* o *Eliminarlas del disco,* puede verlo en [3].

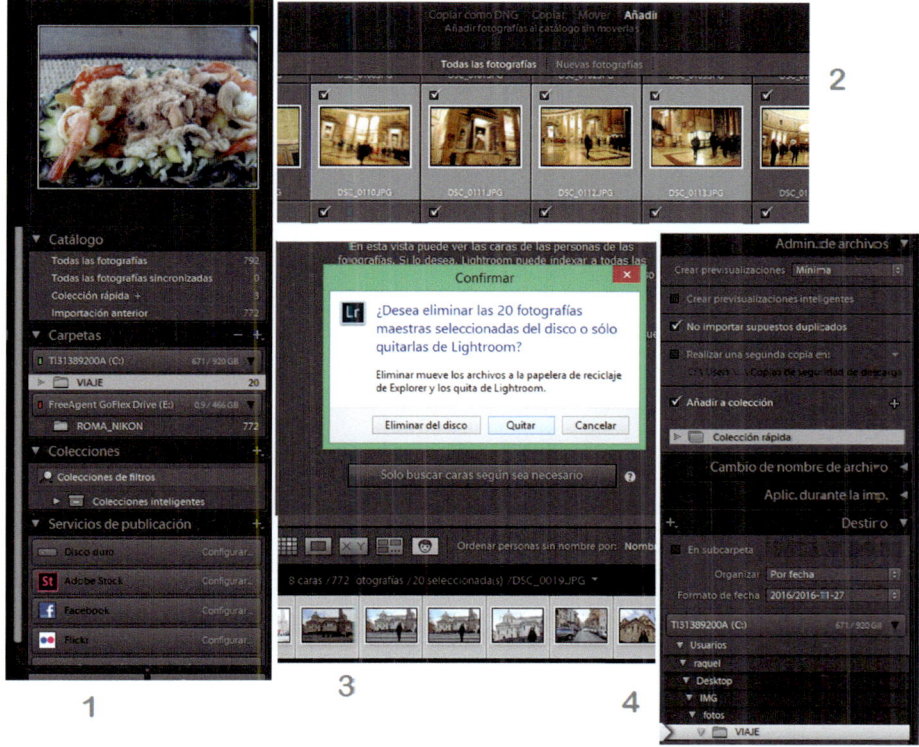

Figura 1.30. [1] Se han incorporado 772 fotografías al catálogo.
[2] Copiar, mover, añadir o copiar como DNG nuevas fotografías.
[3] Eliminar fotografías del catálogo. [4] Importar fotografías y
añadirlas a una colección.

Cuando el catálogo dispone de un alto número de fotografías, suele ser necesario ejecutar optimizar el catálogo para mejorar su rendimiento. Se realiza desde *Seleccione archivo > Optimizar catálogo.*

Resumen

Este bloque de contenidos se centra en la **obtención de imágenes digitales**, comenzando con una introducción a la importancia de la manipulación de imágenes en la era digital. Se explican los avances tecnológicos en computación en la nube y *edge computing,* que han revolucionado el procesamiento y almacenamiento de imágenes. También se aborda el impacto de la inteligencia artificial y el *deep learning* en la mejora automática de la calidad de las imágenes, así como en la identificación de patrones y el reconocimiento facial.

El documento detalla las **formas de representación de gráficos e imágenes**, diferenciando entre mapas de bits (imágenes rasterizadas) y gráficos vectoriales, cada uno con sus ventajas y desventajas. Se explican los formatos de imagen más comunes, como BMP, JPEG, PNG y GIF, así como sus características, usos y limitaciones.

Finalmente, se menciona el uso de **Adobe Lightroom** como una herramienta crucial para la gestión y edición de imágenes digitales, permitiendo a los usuarios organizar, ajustar y mejorar sus fotos de manera eficiente, aprovechando su capacidad para trabajar con archivos RAW y su enfoque en la edición no destructiva.

Mapa conceptual

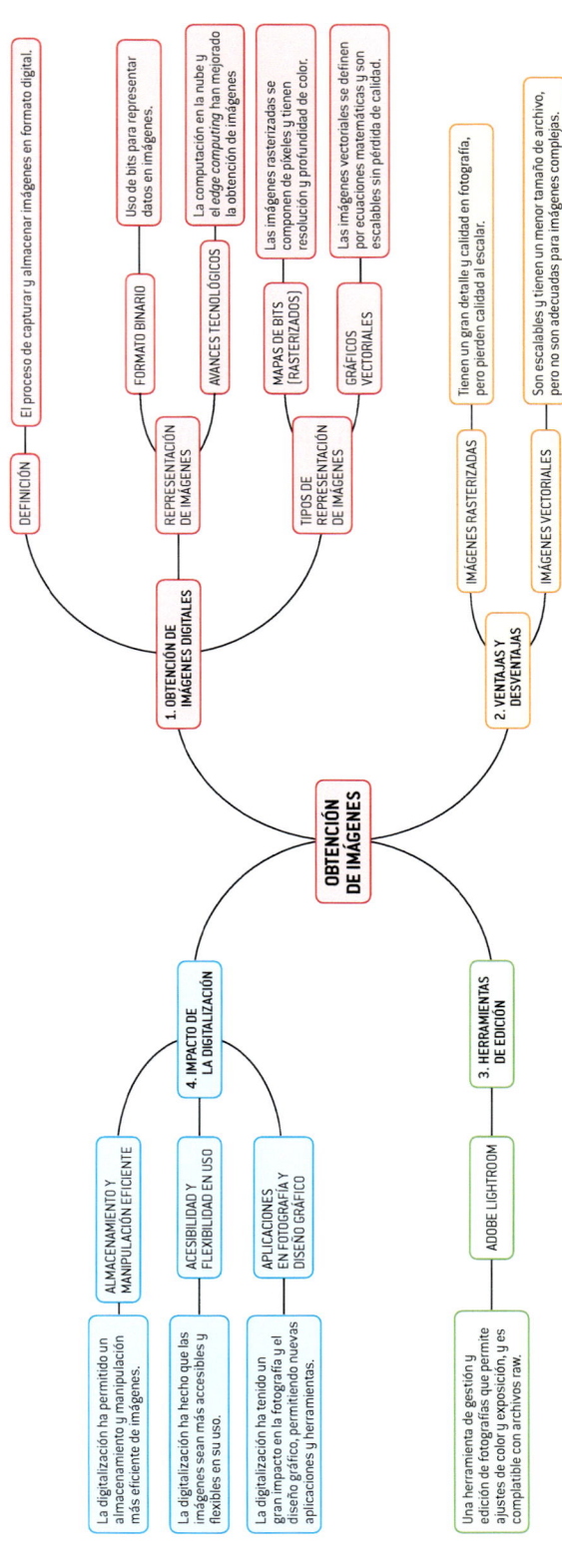

OBTENCIÓN DE IMÁGENES

1. OBTENCIÓN DE IMÁGENES DIGITALES

DEFINICIÓN — El proceso de capturar y almacenar imágenes en formato digital.

REPRESENTACIÓN DE IMÁGENES
- FORMATO BINARIO — Uso de bits para representar datos en imágenes.
- AVANCES TECNOLÓGICOS — La computación en la nube y el *edge computing* han mejorado la obtención de imágenes

TIPOS DE REPRESENTACIÓN DE IMÁGENES
- MAPAS DE BITS (RASTERIZADOS) — Las imágenes rasterizadas se componen de píxeles y tienen resolución y profundidad de color.
- GRÁFICOS VECTORIALES — Las imágenes vectoriales se definen por ecuaciones matemáticas y son escalables sin pérdida de calidad.

2. VENTAJAS Y DESVENTAJAS
- IMÁGENES RASTERIZADAS — Tienen un gran detalle y calidad en fotografía, pero pierden calidad al escalar.
- IMÁGENES VECTORIALES — Son escalables y tienen un menor tamaño de archivo, pero no son adecuadas para imágenes complejas.

4. IMPACTO DE LA DIGITALIZACIÓN
- ALMACENAMIENTO Y MANIPULACIÓN EFICIENTE — La digitalización ha permitido un almacenamiento y manipulación más eficiente de imágenes.
- ACESIBILIDAD Y FLEXIBILIDAD EN USO — La digitalización ha hecho que las imágenes sean más accesibles y flexibles en su uso.
- APLICACIONES EN FOTOGRAFÍA Y DISEÑO GRÁFICO — La digitalización ha tenido un gran impacto en la fotografía y el diseño gráfico, permitiendo nuevas aplicaciones y herramientas.

3. HERRAMIENTAS DE EDICIÓN
- ADOBE LIGHTROOM — Una herramienta de gestión y edición de fotografías que permite ajustes de color y exposición, y es compatible con archivos raw.

2. Utilización de las aplicaciones de elaboración de gráficos

Contenido

Illustrator (AI) es la herramienta especializada de Adobe en el trabajo con gráficos vectoriales que permite diseñar iconos, bocetos, logotipos, tipografías e ilustraciones para cualquier formato: impreso, web, interactivo, vídeo y móvil. Es posible descargar una versión de prueba, que puede utilizarse durante siete días, desde la URL:

https://www.adobe.com/products/catalog.html?promoid=KOVFF.

Puedes elegir la versión de estudiantes y profesores; se requerirá un método de pago, así como número de tarjeta para permitir la descarga. Deberá realizar la cancelación antes de la fecha especificada para evitar la facturación. Se realizará la descarga de la aplicación de escritorio Adobe Creative Cloud, que administra las aplicaciones y servicios instalados en el sistema, además de posibilitar la sincronización y compartición de archivos. A continuación, será necesario obtener un ID de Adobe, dando de alta una cuenta de usuario con un *e-mail* válido.

2.1. Descripción de la interfaz de usuario

Al iniciar la aplicación, en la parte superior encontraremos:

- La barra de aplicación que contiene un conmutador de espacio de trabajo, menús (en el sistema operativo Windows) y otros controles. En MAC CS, la barra de aplicación se puede mostrar u ocultar desde el menú *Ventana.*

- El panel de control o barra de opciones, situado debajo de la barra aplicación o de menús, muestra opciones específicas de la herramienta seleccionada en el momento, por lo que las opciones variarán según el tipo de objeto seleccionado en la barra de herramientas.

- El marco de aplicación agrupa todos los elementos del espacio de trabajo en una ventana única e integrada. Si se mueve el marco de aplicación o alguno de sus elementos, o si cambia su tamaño, todos los elementos que integra responden en consecuencia para evitar su superposición.

- El panel de herramientas, ubicado a la izquierda, en posición vertical, dispone herramientas agrupadas por funcionalidad: para crear y editar imágenes, ilustraciones, elementos de página, etc. Se sitúa a la izquierda de la pantalla la primera vez que se inicia la aplicación. Se puede mostrar u ocultar seleccionando *Ventana > Herramientas*. Los paneles ayudan a controlar y modificar el trabajo y se pueden agrupar, apilar o acoplar. Las herramientas del panel disponen de opciones que aparecen en la zona superior de la ventana al hacer doble clic en una de ellas. Generalmente, las herramientas están agrupadas. Para ver el conjunto de herramientas debe hacer clic con el botón derecho del ratón para ver las que contiene ocultas. Si hay un triángulo en la esquina inferior derecha del icono de herramienta, indica que existen herramientas ocultas. Para ver el nombre de la herramienta, colocaremos el puntero sobre ella. El panel herramientas sirve, además, para cambiar el modo de dibujo entre dibujar normal y dibujar en el interior.

- La barra de estado muestra el *zoom* y navegación sobre las mesas de trabajo del documento.

- *Dock Panel* e información como fecha y hora, acciones por deshacer y herramienta actual.

- La ventana *Documento* muestra la imagen actual en la que se está trabajando. Las ventanas *Documento* se pueden organizar como pestañas.

Plantillas

Adobe Illustrator dispone de plantillas para crear fácilmente documentos con ajustes y elementos de diseño comunes. Todas las plantillas y documentos de Illustrator se guardan como archivos con extensión .ai y generalmente disponen de varias mesas de trabajo. Illustrator emplea un tablero de dibujo, conocido como mesa de trabajo, que representa un área que puede contener ilustraciones imprimibles. Es posible disponer de hasta mil mesas de trabajo por documento.

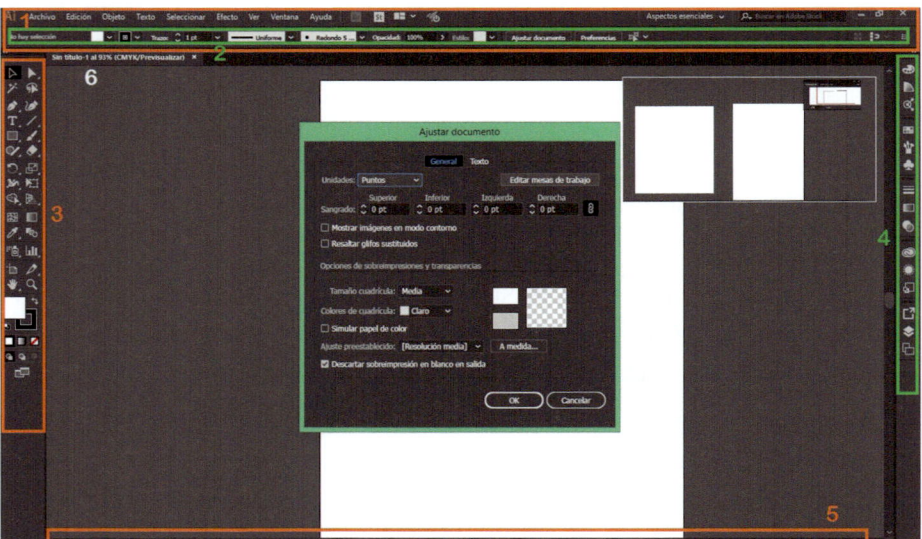

Figura 2.1. Distribución de los diferentes elementos de la interfaz de Adobe Illustrator: [1] Barra de aplicación. [2] Panel de control. [3] Barra de herramientas. [4] Dock Panel. [5] Barra de estado [6].

Capas y panel de capas

Las capas permiten gestionar todos los elementos que componen una ilustración organizando la información en una serie de niveles transparentes que definen el orden de apilamiento de los elementos de la ilustración. Por defecto, todos los elementos se organizan en una misma capa principal. Es posible mover elementos de una capa a otra en cualquier momento. Con el panel *Capas* podremos seleccionar, ocultar, bloquear y cambiar la apariencia de la ilustración. En cada capa, se puede ajustar el color, aplicar efectos, definir valores de fusión y opacidad, cambiar los elementos de posición, etc. También se puede reorganizar el orden de apilamiento y enlazar capas para trabajar en ellas simultáneamente, así como intercambiar capas con Adobe Photoshop. Para indicar que un elemento del panel *Capas* contiene otros elementos, se mostrará un triángulo a la izquierda del nombre correspondiente. Al desplegar este triángulo, se mostrarán subcapas. Por defecto, Adobe crea en sus aplicaciones una subcapa por cada objeto y cada grupo; de esta manera, cada elemento de una capa está accesible.

Crear un documento

Al crear un nuevo documento definiremos una serie de ajustes propios o emplearemos los preestablecidos en el documento en blanco. Desde el cuadro de diálogo *Nuevo documento* y la ficha de categoría: Móvil, Web, Impresión, Película y vídeo o Arte e ilustración, seleccionaremos un ajuste y haremos clic en *Crear*. Entre los ajustes se podrá modificar:

- Altura y anchura: para indicar el tamaño de la mesa de trabajo.

- Orientación: para indicar la orientación apaisada o vertical de página del documento.

- Mesa de trabajo: especificar el número de mesas de trabajo en el documento.

- Sangrado: indicar la posición del sangrado a cada lado de la mesa de trabajo.

- Modo de color: indicaremos un modo de color para el documento: RGB o CMYK. Este cambio afectará a las muestras, pinceles, símbolos y estilos gráficos, que se convertirán a un modo de color nuevo.

- Efectos de rasterizado: para indicar la resolución. Es importante ajustar esta opción en Alta a la hora de imprimir el documento.

Gráficos vectoriales

Las formas u objetos vectoriales se componen de líneas y curvas definidas por vectores, unos objetos matemáticos que representan una imagen en función de los atributos geométricos. Como hemos dicho previamente, los gráficos vectoriales son independientes de su resolución y pueden alterarse sin perder calidad; por ello, son la opción óptima para logotipos e ilustraciones que necesiten diferentes tamaños y dispositivos o medios de salida.

2.2. Utilización de las herramientas para dibujar

Introduciremos una serie de conceptos sobre los trazos en Adobe Illustrator antes de empezar a estudiar sus herramientas. Cuando dibujamos con cualquiera de las herramientas de Illustrator, se crea un *trazado* que consta de uno o más *segmentos* rectos o curvos. Cada segmento está separado del siguiente por un *punto de ancla,* que funciona como nexo de unión.

Arrastrando los puntos de ancla es posible modificar la forma de un trazado. También es posible hacerlo a través de las *líneas de dirección,* que aparecerán en los puntos de ancla. No se recomienda emplear demasiados puntos de ancla, especialmente en las figuras curvas para evitar protuberancias. Los puntos de ancla pueden ser de dos tipos: *puntos de vértice,* en los que el trazado cambia abruptamente de dirección, o *puntos de suavizado,* que conectan los segmentos del trazado con curvas continuas.

A continuación, observemos los elementos de la barra de herramientas. Aquellos iconos que disponen de un triángulo pequeño en la esquina inferior indican que haciendo clic derecho con el ratón se desplegarán herramientas acopladas.

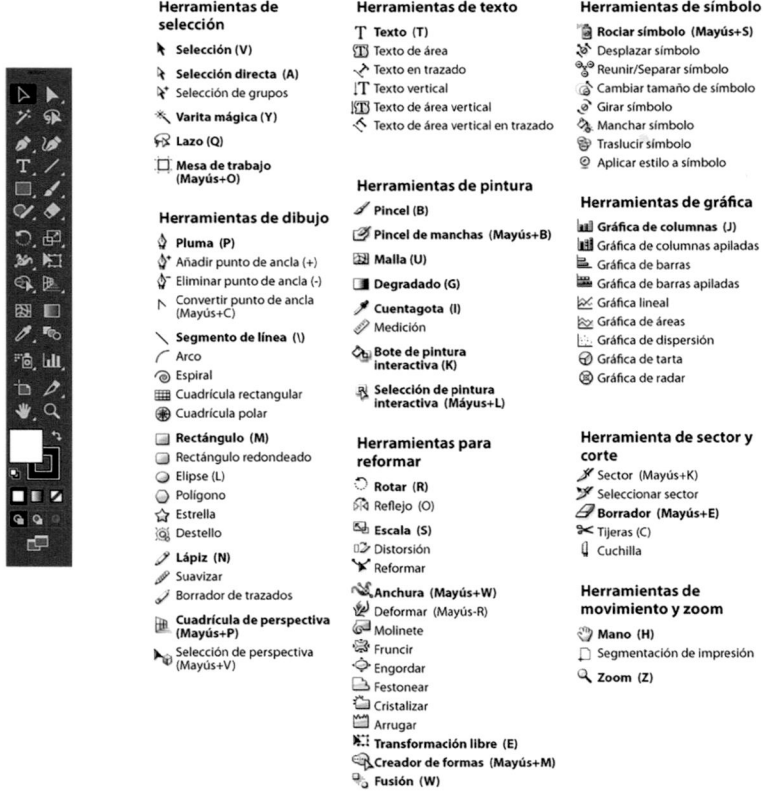

Figura 2.2. Descripción de los elementos de la barra de herramientas.

2.2.1. Líneas: rectas, curvas, quebradas

Describiremos los principales elementos para realizar trazos rectos, curvos y quebrados: la herramienta *Pluma,* el *Lápiz,* el *Destello* y el *Segmento de línea.*

- *Pluma:* al hacer clic con el ratón, se trazará una línea recta que se dibuja creando dos puntos de ancla. Si continuamos haciendo clic, se irán uniendo otras rectas al anterior punto de ancla, constituyendo un conjunto de segmentos conectados por puntos de vértice. Para cerrar los trazados, posicionaremos la herramienta *Pluma* sobre el primer punto de ancla que dibujamos y se mostrará un círculo. Si queremos dejar el trazado abierto, pulsaremos la tecla *Ctrl* (Windows) o la tecla *Comando* (macOS), y haremos clic fuera de la imagen. Con la herramienta *Pluma* también es posible dibujar trazos curvos; por ejemplo, añadimos un punto de ancla donde la curva cambie de dirección y arrastraremos las líneas de dirección que formen la curva. La longitud y la pendiente de las líneas de dirección determinan la forma de la curva.

- *Lápiz:* forma parte del grupo de la herramienta *Shaper.* Permite dibujar trazados abiertos (círculos, elipses…) y cerrados (rectas) como con un lápiz sobre el papel. Da un aspecto de dibujo a mano o de boceto. Al ir dibujando con el *Lápiz,* se irán creando puntos de ancla que vendrán determinados por la longitud y unos ajustes de tolerancia en las preferencias de la herramienta *Lápiz,* que indicarán su sensibilidad al movimiento. Para dibujar un trazo cerrado, mantendremos pulsada la tecla *Alt* (Windows) u *Opción* (macOS), al comenzar a arrastrar. El *Lápiz* mostrará un círculo pequeño para indicar que está dibujando un trazado cerrado. Si se suelta el botón del ratón antes de llegar al final, la herramienta *Lápiz* cerrará la forma dibujando la línea más cercana posible en el punto original.

- *Segmento de línea:* para dibujar segmentos de línea recta de uno en uno, situaremos el puntero en el lugar deseado y arrastraremos hasta donde deseemos. Para indicar un color de relleno, seleccionaremos *Rellenar línea.*

- *Arco:* situaremos el puntero donde deseemos que comience y arrastraremos hasta donde deseemos su fin. Para modificar la configuración predeterminada del arco, una vez seleccionada la herramienta, con clic en el lienzo, aparecerá un cuadro de diálogo. En él podremos configurar: longitud del eje X (anchura del arco), longitud del eje Y (altura del arco), tipo (si el objeto es un trazado abierto o cerrado), base a lo largo de (la dirección del arco, eje X −horizontal− o eje Y −vertical−) e inclinación (cóncavo o convexo).

En la Figura 2.3, podemos ver en [1] el uso de la herramienta *Pluma:* en color azul, el resultado deseado y en rojo, el trazado actual. Al marcar cada punto de ancla, arrastramos hacia arriba para mostrar los manejadores, que nos permitirán controlar la curva. Se observa que el manejador izquierdo es más corto que el derecho, de ahí la diferencia en la curvatura del arco. El ancla indica el fin del trazado y el inicio del siguiente. [2] Uso de la herramienta *Lápiz:* en el trazo realizado, pueden observarse los cuatro puntos de ancla y el trazado entre las dos anclas. [3] Uso de la herramienta *Segmento de línea:* primero se ha dibujado la línea horizontal. A continuación, la línea vertical de la sección A; si la desplazamos, Illustrator nos sugiere hacer una intersección. Al tener el clic del ratón pulsado aún, se puede extender la línea. En la sección B, haciendo clic sobre un extremo, variamos el ángulo de intersección. [4] Uso de la herramienta *Arco:* dos arcos enlazados con longitud de tipo abierto, base a lo largo de eje Y e inclinación convexa.

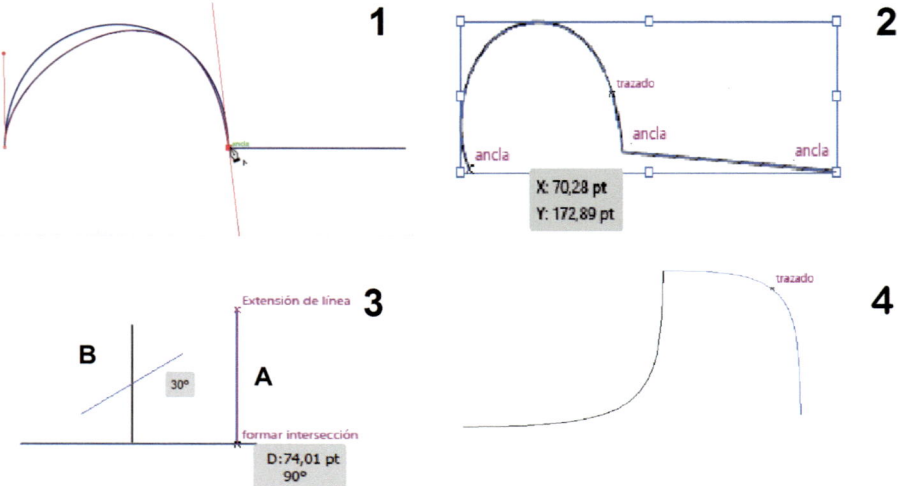

Figura 2.3. Uso de las herramientas *Pluma, Lápiz, Segmento de línea* y *Arco.*

2.2.2. Figuras geométricas

- **Rectángulos y cuadrados.** Seleccionaremos la herramienta *Rectángulo* o *Rectángulo redondeado.* Para dibujar un rectángulo, arrastre en sentido diagonal hasta que el rectángulo disponga del tamaño deseado. Si queremos dibujar un cuadrado deberemos mantener pulsada la tecla *Mayús* al mismo tiempo que arrastramos en sentido diagonal hasta que el cuadrado alcance el tamaño deseado. Es posible dibujar un cuadrado o rectángulo empleando valores. Para ello, haremos clic en el lugar que deseemos situar la esquina superior izquierda e indicaremos valores de ancho, alto y un radio de vértice para un rectángulo redondeado que determinará la curvatura de las esquinas. No podremos cambiar el radio de vértice después de dibujar un rectángulo redondeado. El radio de vértice por defecto puede modificarse desde

Edición > Preferencias > Generales (Windows) o *Illustrator > Preferencias > Generales* (macOS). Este cambio afectará solamente a los nuevos rectángulos redondeados. Si queremos cambiar el radio de vértice a la vez que arrastramos con la herramienta *Rectángulo redondeado,* pulsaremos la tecla de flecha arriba o abajo hasta que los vértices tengan la forma que deseemos. Si queremos dibujar esquinas en ángulo, mientras arrastra con la herramienta *Rectángulo redondeado,* pulsaremos la tecla de flecha izquierda.

- **Elipses y círculos.** Mantendremos pulsada la herramienta *Rectángulo* para poder seleccionar la herramienta *Elipse,* o bien haremos clic en el icono con el botón derecho para mostrar todas las herramientas agrupadas. Si queremos dibujar una elipse haremos clic donde deseemos que se ubique la zona superior izquierda de la elipse y arrastraremos en sentido diagonal hasta obtener el tamaño deseado. También es posible, desde cualquier punto de la elipse, añadir o redimensionar sus dimensiones (ancho y alto).

  Si deseamos dibujar un círculo, deberemos mantener pulsada la tecla *Mayús* mientras estamos arrastrando la figura, hasta obtener el tamaño deseado. Si queremos un círculo de dimensiones concretas, haremos clic en la zona de la mesa de trabajo que deseemos y aparecerá un menú emergente que nos solicitará las dimensiones. Una vez dibujadas, elipse y círculo, pueden alterarse sus dimensiones y forma. Incluso modificarse su ángulo de inicio, ángulo final y ángulo de gráfico circular, generando figuras incompletas.

- **Polígonos.** Una vez seleccionada la herramienta, o bien haremos clic y aparecerá un menú emergente que solicitará las dimensiones de este, o bien arrastraremos hasta que el polígono tenga el tamaño deseado. Rotaremos el polígono si arrastramos el puntero en forma de arco. Pulsaremos las teclas de flecha arriba y abajo, respectivamente, para añadir y eliminar lados al polígono. Variando el factor R del polígono conseguiremos redondear o angular sus extremos e incluso sus lados, convirtiendo, por ejemplo, un hexágono en un círculo.

- **Destello.** Simula objetos con un centro brillante y un halo de destellos. Los destellos incluyen un manejador central y otro en el extremo. Incorpora unos manejadores para posicionar en el lienzo el destello y su halo. El manejador central se ubica en el centro del destello y a partir de este parte el resto de su trazado.

A continuación, comentamos la Figura 2.4.: en [1] vemos el uso de la herramienta *Destello* al inicio, cuando se pueden configurar diámetro, opacidad, brillo y características de los rayos, aureola y anillos. En [2] tenemos el resultado de la herramienta *Destello*. En [3] podemos ver el uso de la herramienta *Polígono*: si hacemos clic en su interior, podremos modificar su radio y el número de lados.

Desde el círculo interior puede deformarse la figura para convertirla en un círculo. En [4] vemos el uso de la herramienta *Rectángulo redondeado.* Desde los cuatro puntos interiores hemos comenzado a deformar la figura. En [5] tenemos el uso de la herramienta *Elipse,* que dispone de cuatro puntos de ancla. [6] Desde los puntos exteriores de la elipse anterior, procedemos a la modificación de sus ángulos de inicio y final.

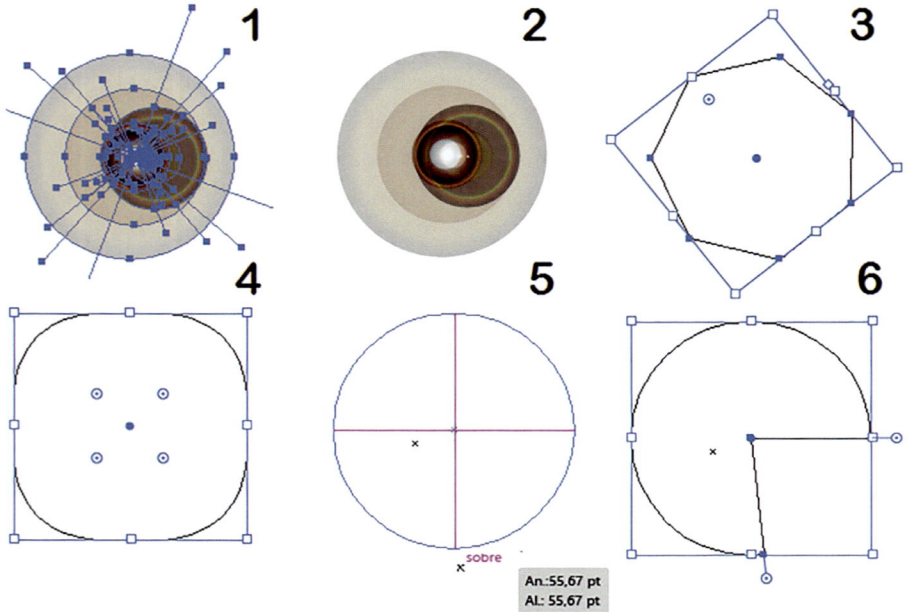

Figura 2.4. Uso de las herramientas: *Destello, Polígono, Rectángulo* y *Elipse.*

2.2.3. Texto

Para la gestión del texto adobe incorpora varias herramientas disponibles:

- **Texto de punto:** se trata de una línea de texto horizontal o vertical que comienza en el punto donde se hace clic y que se expande según se van introduciendo caracteres. Cada línea de texto es independiente.

- **Texto en área:** emplea los límites de un objeto para controlar horizontal y verticalmente el conjunto de caracteres. El texto que insertemos se ajustará automáticamente a la forma del área definida. Este método de inserción de texto es útil si se desean incluir uno o varios párrafos, como en un folleto. Para ello, seleccionaremos la herramienta *Texto* o *Texto vertical* y arrastraremos diagonalmente para dibujar una zona delimitadora rectangular.

También es posible incorporar el texto de un fichero compatible dentro de una forma. Por ejemplo, definir una zona poligonal e insertar el texto de un fichero con extensión .txt o .rtf. En Adobe Illustrator se puede importar texto a la ilustración desde un fichero creado en las siguientes aplicaciones: Microsoft Word para Windows hasta la versión 2007, Microsoft Word para Mac OS X hasta la versión 2008, formato RTF y ASCII. El texto que se va a importar conservará el formato de los párrafos y de los caracteres. Por defecto, Illustrator rellena todos los objetos de texto nuevos con texto falso (para visualizar mejor el diseño). El texto falso conservará el tamaño y fuentes empleados en el último objeto de texto. Es posible cambiar este comportamiento desmarcando en *Preferencias > Tipo > Rellenar objetos de nuevo tipo con texto falso.*

Cuando empleamos texto de área, el tamaño del texto se modificará si cambiamos las dimensiones del objeto con la herramienta *Selección directa.* Si queremos modificar la separación entre el texto insertado en una figura y el trazo, deberemos modificar el margen. Seleccionaremos el objeto de texto en área y desde la opción de menú *Texto > Opciones de texto de área,* alteraremos el espaciado de margen.

1 Homolion was an ancient Greek city in Magnesia

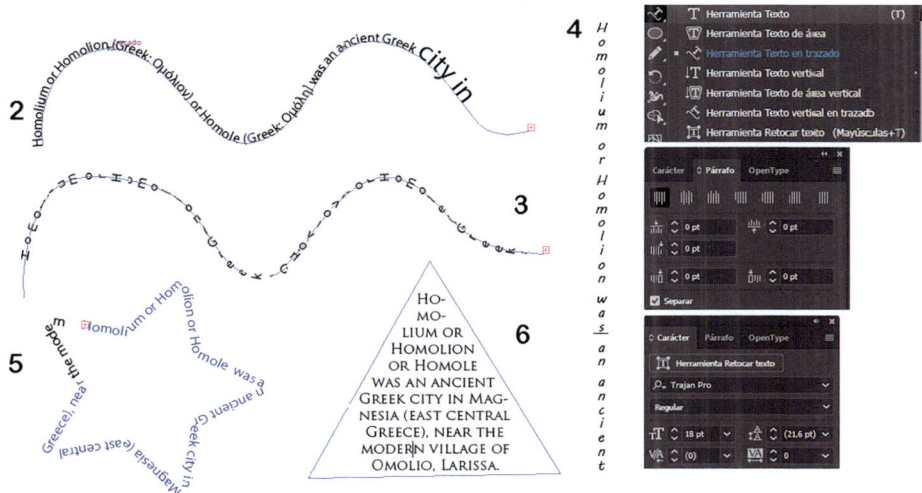

Figura 2.5. Trabajo con la herramienta *Texto* y figuras.

En la Figura 2.5 tenemos en [1] un ejemplo de la herramienta *Texto.* Observa la diferencia de color entre el trazo (azul) y el relleno del texto (rojo). [2] Uso de la herramienta *Texto en trazado.* Situaremos el puntero justo en la zona de la figura donde queremos que comience, podremos pegar texto o editarlo. [3]uso de la herramienta *Texto vertical en trazado* siguiendo el orden vertical de la línea y no sobre la línea, como en el ejemplo anterior. Es conveniente mostrar el menú emergente Párrafo, desde *Ventana > Texto > Párrafo,* para ajustar cómodamente la alineación del texto, la fuente, su tamaño, etc. Si aparece un símbolo (+) en color rojo, significa que el texto continúa y necesita una figura de mayor tamaño. [4] Uso de la herramienta *Texto vertical.* [5] Uso de *Texto en trazado* en una forma estrella. [6] Uso de la herramienta *Texto de área.* Ajustaremos un texto a una forma. Para ello, empleamos la herramienta *Polígono* e indicamos tres lados para dibujar un triángulo. A continuación, sobre un borde de la figura pegaremos el texto. Es importante seleccionar un borde de la figura para evitar obtener el mensaje: «Debe hacer clic en un trazado no compuesto y no enmascarante para crear texto dentro de un trazado».

Para crear filas y columnas de texto en un objeto de *Texto de área,* seleccionaremos el objeto y desde la opción de menú *Texto > Opciones de texto de área,* en los apartados de filas y columnas modificaremos el número y el alcance. Este último hace referencia a la altura de cada fila y a la anchura de cada columna, respectivamente.

Para ajustar o ceñir un texto alrededor de cualquier objeto o, por ejemplo, una imagen importada o una figura, el objeto y el texto estarán en la misma capa, y el objeto tendrá que ubicarse encima del texto. A continuación, seleccionaremos menú *Objeto > Ceñir texto > Crear.* Si deseamos ajustar, por ejemplo, el espacio entre la figura y el texto desde el menú *Objeto > Ceñir texto > Opciones de ceñir texto* modificaremos la separación en píxeles del objeto y el texto envolvente. Una vez seleccionado el objeto y desde el menú *Efecto > Artístico,* podremos alterar el aspecto del círculo.

Figura 2.6. Ceñir texto a una figura. Texto en columnas. La figura debe superponerse al texto en la misma capa. Observa el resultado en la miniatura.

2.3. Realización de transformaciones

Adobe Illustrator dispone del panel específico *Ventana > Transformar* para rotar, mover, realizar un reflejo, modificar el escalado y distorsionar objetos. Por lo general, para todas estas transformaciones podremos emplear el menú *Objeto > Transformar,* así como arrastrar el cuadro delimitador de una selección.

2.3.1. Tamaño de los objetos

- **Cambiar el tamaño con el cuadro delimitador.** Cuando seleccionamos uno o varios objetos con la herramienta *Selección,* observaremos que queda envuelta por un *cuadro delimitador,* que permitirá mover, duplicar, cambiar escala y rotar los objetos seleccionados al arrastrar la selección o un manejador. Si el cuadro delimitador de un objeto o un conjunto de objetos seleccionados no está disponible, lo mostraremos en menú *Ver > Mostrar cuadro delimitador.*

- **Usar el panel *Transformar*.** Desde el panel *Ventana > Transformar* podremos modificar la ubicación, la orientación, el tamaño y los rellenos de los objetos seleccionados. También es posible bloquear las proporciones del objeto o modificar el punto de referencia de la transformación. Los valores X e Y corresponden al punto de referencia seleccionado.

- **Cambio de escala de un objeto.** La escala de un objeto afectará a su tamaño en los planos horizontal, vertical y/o en ambos. Cuando realizamos un cambio de escala de un objeto, este cambiará con relación a un punto de referencia, y este último, a su vez, dependerá del método de escalado seleccionado: la herramienta *Escala* y el cuadro delimitador.

  En el uso de la herramienta *Escala,* seleccionaremos uno o varios objetos; a continuación, seleccionaremos la herramienta *Escala* y en función de si queremos escalar:

  — Respecto al punto central del objeto: lo arrastraremos hacia cualquier punto del lienzo.

  — Respecto a un punto de referencia distinto: haremos clic en el lugar del lienzo que elijamos y alejaremos el puntero del ratón del punto de referencia.

  — Proporcionalmente el objeto: mantendremos pulsada la tecla *Mayús* mientras arrastramos el objeto en sentido diagonal.

  — En horizontal o vertical mantendremos pulsada la tecla *Mayús* a la vez que arrastramos el objeto en el sentido horizontal o vertical.

En el uso del cuadro delimitador, seleccionaremos uno o más objetos y con la herramienta *Selección,* o bien con la herramienta *Transformación libre:*

— Arrastraremos un manejador del cuadro delimitador del objeto.

— Para mantener el objeto con las proporciones iniciales, mantendremos pulsada la tecla *Mayús* a la vez que arrastramos el objeto.

— Si queremos escalar respecto al punto central del objeto, mantendremos pulsada la tecla *Alt* (Windows) o la tecla *Opción* (macOS).

Si deseamos cambiar la escala de los efectos y trazos de un objeto concreto, emplearemos el panel *Transformar (Ventana > Transformar)*. Por defecto, los efectos aplicados a un objeto o los trazos no cambian de escala junto con los objetos. Para modificar este comportamiento, desde el menú *Edición > Preferencias > Generales Illustrator* (Windows) o *Preferencias > Generales* (macOS), seleccionaremos la opción *Cambiar escala de trazos y efectos.*

2.3.2. Giros

Antes de girar uno o varios objetos a la vez, deberemos considerar el punto de referencia sobre el que rotarán los objetos. Por defecto, este punto de referencia es el punto central del objeto. Si deseamos rotar varios objetos de una selección, estos rotarán sobre un único punto, que será el punto central de la selección total o del cuadro delimitador. Para hacer rotar uno o varios objetos, los seleccionaremos y emplearemos el cuadro delimitador, la herramienta *Transformación libre* o la herramienta *Rotar.*

- **Cuadro delimitador.** Con los objetos seleccionados, posicionaremos el puntero del ratón fuera del cuadro delimitador y cerca de un manejador del cuadro delimitador hasta que se convierta en una flecha con dos puntas; a continuación, arrastraremos los objetos.

- **Herramienta *Transformación libre.*** Posicionaremos el puntero del ratón fuera del cuadro delimitador hasta que se convierta en una flecha con dos puntas; a continuación, arrastraremos los objetos.

- **Herramienta *Rotar.*** El objeto rotará sobre su punto central mientras arrastramos en movimiento circular en cualquier zona del lienzo. Si queremos hacer rotar el objeto sobre otro punto de referencia, haremos clic en cualquier zona del documento y cambiaremos el punto de referencia; a continuación, situaremos el puntero lejos del nuevo punto de referencia y arrastraremos con un movimiento circular.

- **Rotación de los ejes X e Y.** Por defecto, los ejes X e Y están alineados en el sentido de los bordes horizontal y vertical de la ventana del documento. Desde la opción de menú *Edición > Preferencias > Generales* (Windows) o *Illustrator > Preferencias > Generales* (macOS), modificaremos un valor de ángulo en el apartado Restringir ángulo. Con un ángulo positivo haremos una rotación de los ejes hacia la izquierda, y con ángulo negativo, hacia la derecha.

Si necesitamos realizar de nuevo la misma transformación con otros objetos del documento seleccionaremos el menú *Objeto > Volver a transformar* para repetir las operaciones de cambiar escala, rotar, mover, realizar reflejado o distorsionar.

2.3.3. Unir y desunir objetos

Es posible unir o combinar los objetos del documento para crear formas y efectos. Emplearemos: *Buscatrazos, Trazados compuestos* y *Formas compuestas.*

- **Interacción con *Buscatrazos*.** Para combinar varios objetos en formas nuevas utilizando el panel *Buscatrazos,* que permitirá crear nuevas formas a partir de los objetos superpuestos. Para aplicar efectos de *Buscatrazos*, utilizaremos el menú *Efectos* o el panel *Buscatrazos* desde (*Ventana > Buscatrazos*). Elegiremos entre los siguientes modos de forma:

  — Añadir: todo el contorno de todos los objetos constituirá un único objeto combinado.

  — Eliminar: suprimirá el área oculta de un objeto relleno. Elimina los trazos y no combina objetos de igual color.

  — Realizar intersección con áreas de formas.

  — Eliminar las áreas de formas que se encuentren superpuestas vaciando áreas rellenas y viceversa.

- ***Trazados compuestos*.** Permiten que realicemos una escisión en un objeto, empleando otro objeto. Tras crear un trazado compuesto, los trazados se comportarán como objetos agrupados, por lo que, si necesitamos seleccionarlos, emplearemos la herramienta de *Selección directa.* Por ejemplo, si queremos realizar una escisión en un objeto: [1] Seleccionaremos el objeto que deseamos usar como corte o agujero y lo solapamos con el objeto que se quiere recortar. [2] Seleccionaremos todos los objetos que se van a incluir en el trazado compuesto e iremos al menú *Objeto > Trazado compuesto > Crear.*

- ***Formas compuestas*.** Son más versátiles que los trazados compuestos. Se emplean para combinar varios objetos a través de cuatro tipos de interacción: *Añadir, Restar, Formar intersección* y *Excluir.* Los objetos interiores no se alterarán, por lo que se podrá seleccionar y editar cada objeto de forma compuesta de una manera independiente.

Para crear una forma compuesta, seleccionaremos todos los objetos que queramos que formen parte y desde el menú del panel *Buscatrazos* a cada componente de la forma compuesta se le asignará *Añadir*.

Para desunir objetos emplearemos: *Dividir objetos debajo* y herramientas *Cuchilla* y *Tijeras*.

- **Comando *Dividir objetos debajo*.** Desde el menú *Objeto > Trazado > Dividir objetos debajo,* una vez seleccionado un objeto, este podrá utilizarse como molde para cortar otros objetos, y se eliminará la selección original.

- **Herramienta *Cuchilla*.** Permite cortar los objetos a lo largo de un trazado a mano alzada que iremos marcando con la herramienta. Para realizar un corte en curva, arrastraremos el puntero hasta el objeto, y para realizar un corte recto, mantendremos pulsada la tecla *Alt* (Windows) u *Opción* (macOS) mientras hacemos clic. A continuación, arrastraremos el puntero.

- **Herramienta *Tijeras*.** Divide un marco de gráficos, un marco de texto vacío o un trazado en un punto de ancla o a lo largo de un segmento. Para dividir un trazado, seleccionaremos la herramienta *Tijeras* y haga clic en el trazado a dividir. Cuando se divide el trazado en medio de un segmento, se crean dos nuevos puntos finales uno sobre el otro.

2.4. Conexión y alineación entre figuras

- **Conectar o fusionar figuras**

  Las fusiones de objetos nos permitirán fusionar dos trazados abiertos para crear una transición entre trazos, fusionar objetos para crear formas o combinar fusiones de colores y objetos para crear transiciones de color. Una vez fusionados los objetos, se tratan como un todo y, por ejemplo, el cambio en los puntos de ancla de uno de los objetos originales afectará a toda la fusión. Existe una serie de restricciones a la hora de fusionar:

  — Para objetos con motivos, solo se usará el relleno del objeto en la capa superior.

  — No se pueden fusionar objetos de malla (objetos de tipo multicolor en los que los colores discurren en diferentes direcciones).

  — Al fusionar objetos pintados con más de tres colores con otro con una tinta plana, las figuras fusionadas se pintarán con una cuatricromía fusionada. Al fusionar matices, dos objetos con colores similares de tinta plana, los pasos se pintarán con porcentajes del color.

Para fusionar objetos: [1] Seleccionamos la herramienta *Fusión.* [2] Haremos clic en cualquier parte los objetos (excepto en los puntos de ancla). [3] Para fusionar trazados abiertos, seleccionamos un punto final de cada trazado. [5] Especificamos opciones de fusión, desde la herramienta *Fusión: Espaciado, Redondear color, Pasos especificados, Distancia, Orientación, Alinear con la página* y *Alinear con el trazado.*

- **Alineación y distribución de figuras**

  La alineación nos permite distribuir los objetos seleccionados en el eje X o Y. Emplearemos el panel *Alinear,* en *Ventana > Alinear,* y las opciones de alineación del menú panel de control. Los puntos de referencia que podemos emplear para alinear son: los bordes de los objetos, los puntos de ancla, una mesa de trabajo o un objeto concreto dentro de una selección de varios objetos. Para alinear objetos:

  — Seleccionamos los objetos. Las opciones de *Alinear* están visibles en el panel de control si hay algún objeto seleccionado. Si no, mostraremos la ventana *Alinear.*

  — Para alinear todos los objetos. Desde el panel *Alinear* seleccionamos el tipo de alineación: izquierda, centrar, derecha, hacia arriba, verticalmente o hacia abajo.

  — Para alinear o distribuir en relación con un punto de ancla. Pulsaremos la herramienta *Selección directa,* mantendremos pulsada la tecla *Mayús* y seleccionaremos los puntos de ancla que se quieren alinear o distribuir. El último punto de ancla seleccionado será el punto de ancla clave.

  — Para alinear o distribuir en relación con una mesa de trabajo. Una vez tenemos los objetos seleccionados, con la herramienta de selección, pulsaremos la tecla *Mayús* y harems clic en la mesa de trabajo de referencia. Esta, una vez activada, tendrá un contorno más oscuro.

2.5. Agrupaciones y otras operaciones

- **Agrupaciones**

  Al realizar agrupaciones, combinamos varios objetos en un grupo de objetos para tratarlos como un todo. Así, por ejemplo, es posible mover un grupo de objetos sin afectar a sus atributos o posiciones.

  — El grupo de objetos se ordena sucesivamente en la misma capa y tras el objeto superior del grupo. Por tanto, después de agrupar los objetos se puede alterar la disposición de las capas y su orden de superposición en una capa concreta. Por ejemplo, si seleccionamos objetos en capas distintas y los agrupamos, los objetos se agruparán en la capa a la que pertenezca el objeto superior seleccionado. Los grupos se pueden agrupar dentro de otros objetos u otros grupos. Podremos visualizar los grupos en el panel *Capas,* como elementos *<Grupo>.*

Para agrupar o desagrupar objetos, en primer lugar, los seleccionaremos y agruparemos o desagruparemos desde el menú *Objeto > Agrupar u objeto > Desagrupar.*

- **Consolidar capas y grupos**

  Combinar y acoplar capas permitirá consolidar grupos, objetos y subcapas en un solo grupo o capa. Adobe® solo permite combinar aquellas capas que estén en el mismo nivel jerárquico en el panel *Capas.* Así, las subcapas solo se podrán combinar con otras subcapas que formen parte de la misma capa y estén en el mismo nivel jerárquico. Los objetos no se podrán combinar con otros objetos.

Para combinar elementos en un grupo o capa: [1] mantendremos pulsada la tecla *Ctrl* (Windows) o la tecla *Comando* (macOS) y haremos clic en las capas o grupos que queremos combinar. [2] Seleccionaremos *Combinar seleccionadas* en el panel *Capas.* [3] Se realizará la combinación de los elementos en la última capa o el último grupo seleccionado.

2.6. Elección de colores y texturas

En Illustrator es posible seleccionar los colores desde las siguientes herramientas y paneles: panel *Muestras,* paneles de biblioteca de muestras, selector de color, herramienta *Cuentagotas*, panel *Guía de color,* cuadro de diálogo *Editar colores/Volver a colorear ilustración.* Estudiaremos los más empleados:

- **Selector de color**

  Muestra un espectro de colores y un campo color. Permite seleccionar el color de trazo de un objeto o de su relleno, definiendo colores mediante notación numérica o haciendo clic en una muestra. Dispone de valores de color HSB, CMKY, RGB y RGB compatible con web. El modo seleccionado afectará solo a la visualización del panel *Color* y a las herramientas *Trazo* y *Relleno* (del panel de herramientas); no cambiará el modo de color del documento.

- **Panel *Muestras* de color**

  Las muestras asociadas a un documento aparecen en el panel *Muestras,* pueden aparecer de manera individual o en grupo. Se trata de colores, degradados y texturas o motivos con un nombre. Existe una amplia biblioteca de muestras, accesible desde uno de los iconos inferiores del panel. Por otro lado, en el mismo panel, en la pestaña símbolos disponemos de una biblioteca de símbolos organizada por temática.

- **Motivos o texturas**

  Hay dos tipos de motivos o texturas. Los motivos de relleno y los motivos de trazado:

  — Motivos de relleno: se emplean para rellenar objetos y suelen tener solo un azulejo. Se segmentan perpendicularmente al eje X. El cuadro delimitador del objeto que se va a rellenar se utiliza como máscara.

  — Motivos de trazado: se aplican con el panel *Pinceles* y principalmente sirven para contornear objetos. Se segmentan perpendicularmente al trazado. Pueden constar de hasta cinco azulejos (en el principio y el final del trazado, en los bordes, ángulos exteriores e interiores). Los azulejos de esquina permiten que los motivos de pincel puedan ajustarse adecuadamente a las esquinas.

Ejemplo

Diseño de una televisión estilo *cartoon*

1. Con *Rectángulo redondeado,* arrastramos y curvamos un poco más las esquinas.

2. Crear duplicados: seleccionado el rectángulo, con menú *Objeto > Trazado > Desplazamiento* y valor de desplazamiento de -20 píxeles. Repetimos este paso tres veces más, con valores de desplazamiento de -10 píxeles y -5 y -5 píxeles para trazar la silueta del televisor. Ver en Figura 2.7 desplazamientos *1, 2, 3* y *4*.

3. Creamos un nuevo componente en el interior: seleccionamos el rectángulo *4* y pulsamos *Ctrl+C* y a continuación *Ctrl+F*, creando otro duplicado. Arrastraremos dicho rectángulo hacia el interior y lo posicionaremos centrado verticalmente y a la izquierda. Crearemos otro duplicado del rectángulo *5* con -10 píxeles de desplazamiento.

4. Deformaremos los componentes interiores. Seleccionamos ambos rectángulos (manteniendo la tecla *Mayús* presionada) y desde menú *Efecto > Deformar > Inflar,* los curvaremos con un valor del 33 % en *Deformación de curva.* Repetiremos el proceso con los rectángulos *1, 2, 3* y *4*, deformándolos un 20 %. A continuación, seleccionaremos todos los componentes y, desde el

menú *Objeto > Expandir apariencia,* convertiremos las deformaciones en formas finales.

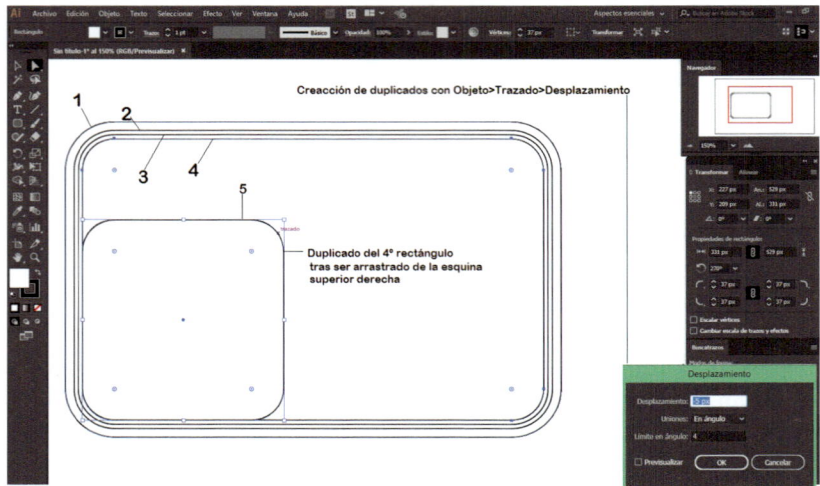

Figura 2.7. Pasos (1), (2) y (3). Creación de bordes externos y pantalla del televisor.

5. Generar un reflejo en la pantalla del televisor con *Buscatrazos:* creamos un duplicado del rectángulo interior, seleccionándolo y con menú *Edición > Copiar,* menú *Edición > Pegar.* Crearemos una elipse que partirá en dos al rectángulo, como en la miniatura de la Figura 2.8. Desde menú *Ventana > Buscatrazos,* seleccionamos la opción *Menos frente* y obtendremos el recorte para el reflejo del televisor. Moveremos el recorte hacia la pantalla del televisor.

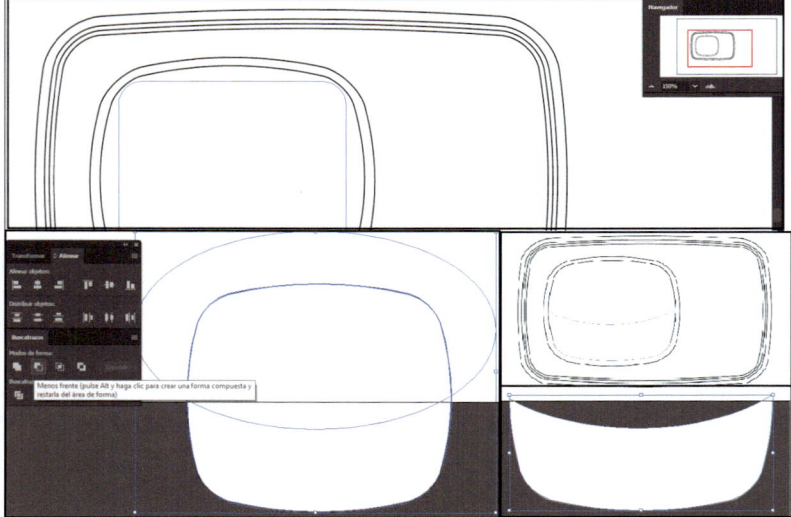

Figura 2.8. Pasos (4) y (5). Deformación de objetos y uso del *Buscatrazos* para la pantalla del televisor.

6. Aplicaremos color: abrimos menú *Ventana > Color,* desactivamos el trazado y aplicamos color a cada uno de los componentes del rectángulo, excepto los interiores.

7. Aplicamos un tono azul a la zona superior de la pantalla desde el panel *Color.* Con la herramienta *Cuentagotas* reducimos el brillo, para que esté en el mismo tono de color, pero parezca más oscuro.

8. Usaremos la herramienta *Rectángulo redondeado* en otra zona del dibujo y modificaremos sus bordes para que sean menos redondeados, le aplicaremos color. Seleccionamos el rectángulo y desde menú *Objeto > Trazado > Desplazamiento* con un valor de desplazamiento de -10 píxeles, generamos un duplicado interior. Seleccionamos ambos elementos y, desde *Ventana > Buscatrazos* opción *Menos frente,* eliminaremos el interior del rectángulo interno. Seleccionamos herramienta *Rectángulo* y arrastramos dibujando dos rectángulos en forma de cruz, a modo de *slider.*

9. Dibujaremos una elipse a su lado. Aplicaremos tres elipses interiores usando *Objeto > Trazado > Desplazamiento,* con un valor de desplazamiento de -3 píxeles. Aplicaremos color a las diferentes elipses. Con la herramienta *Rectángulo* dibujaremos un manejador en la elipse interior y ya tenemos un botón. Seleccionamos todo el botón y hacemos una copia con menú *Edición > Copiar,* Menú *Edición > Pegar.* Rotamos el manejador del botón desde *Objeto > Rotar > 45°.*

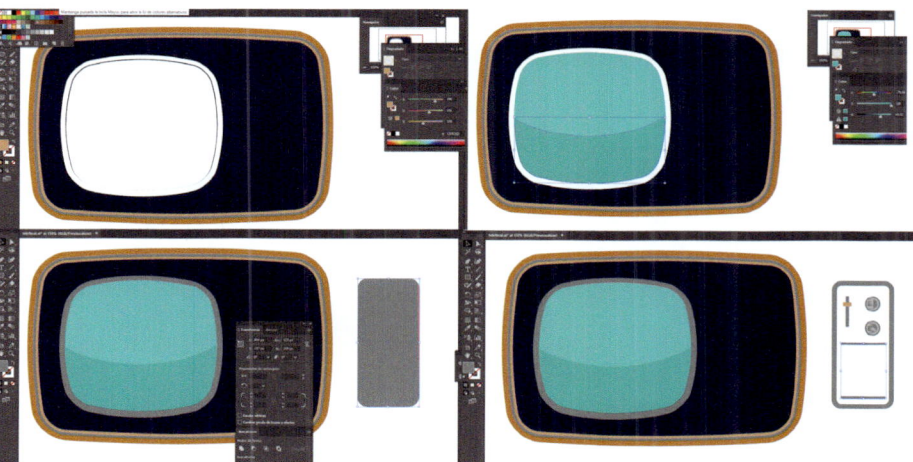

Figura 2.9. Pasos (6),(7),(8) y (9). Aplicación de color con *Cuentagotas* y panel de *Color.* Diseño del manejador del televisor. Uso de rotación de objetos.

10. Añadiremos el altavoz del televisor con un conjunto de rayas. Crearemos un rectángulo inicial y haremos una copia inferior. Seleccionamos ambos y desde *Objeto > Fusión > Crear.* Se dibujarán múltiples rectángulos entre

ambos. Desde *Objeto > Fusión > Opciones de fusión > Pasos especificados,* valor 15, crearemos el altavoz. Moveremos todo el objeto al interior del televisor, seleccionando y arrastrando.

11. Seleccionaremos el borde del rectángulo interior, el *slider* y el altavoz del televisor y, desde *Ventana > Transparencia,* modo *Aclarar* y opacidad 60 %, aligeraremos el tono de estos elementos.

12. Insertaremos un *Rectángulo redondeado* en la base del televisor. Lo seleccionaremos y, con clic derecho *Organizar > Enviar atrás,* lo situaremos al fondo. Insertaremos una elipse sobre el rectángulo. Seleccionamos ambos objetos: rectángulo y elipse. Desde *Ventana > Buscatrazos* pulsamos en *Dividir.* Desde menú *Objeto > Desagrupar.* Y eliminaremos la zona de la elipse, seleccionándola y presionando la tecla *Supr.*

13. Seleccionamos los objetos restantes y con clic derecho *Organizar > Enviar atrás.* Desde herramienta *Cuentagotas* seleccionamos las tonalidades para el borde azul de la elipse y el rectángulo, y se las aplicamos a ambos objetos.

14. Dibujaremos las antenas con dos rectángulos. Insertaremos un rectángulo pequeño de color anaranjado en el borde y efectuaremos una intersección con clic derecho *Intersección.* Seleccionamos ambos objetos y con *Objeto > Agrupar* los agrupamos. Seleccionamos la antena y con menú *Ventana > Transformar > Rotación -45°,* rotaremos el elemento. Repetimos todo este proceso con una segunda antena.

15. Moveremos el conjunto de antenas hacia el televisor y las colocaremos superpuestas.

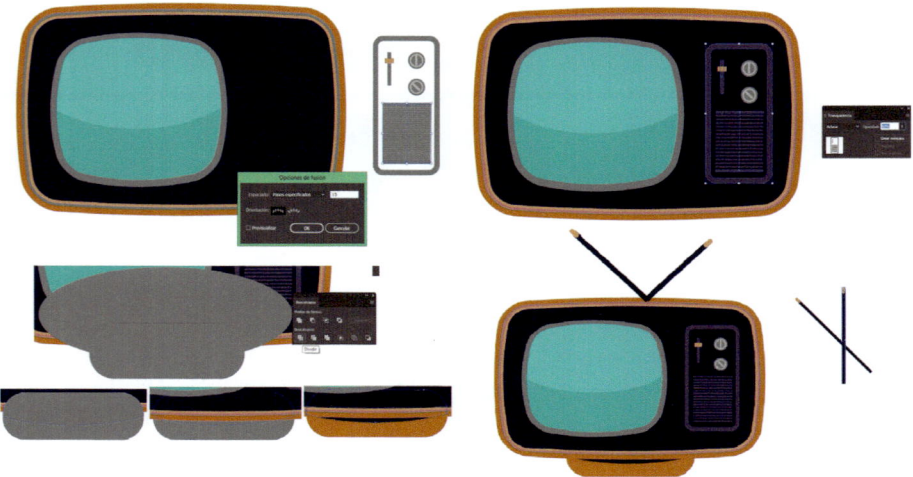

Figura 2.10. Pasos (10) a (15). Empleo de *Opciones de fusión, Transparencia, Buscatrazos* y *Rotación en ángulo.*

2.7. Uso de inteligencia artificial: *Generative Recolor*

La herramienta de *Generative Recolor* ha revolucionado el proceso de modificación de colores dentro del diseño utilizando la inteligencia artificia de Adobe Sensei. Esta herramienta permite generar múltiples variaciones de color basadas en el contenido del diseño, de manera automática y eficiente. Ya no es necesario ajustar manualmente cada color; basta con aplicar *Generative Recolor* para ver instantáneamente cómo se vería el mismo diseño con diferentes esquemas de color. Esto es particularmente útil para proyectos que requieren la creación rápida de múltiples variantes de un diseño para diferentes medios o audiencias. En el siguiente ejemplo modificaremos una imagen vectorial. Desde *Archivo > Abrir* cargamos la imagen vectorial. Accederemos a *Edición > Editar colores > Generación de colores de reemplazo.* Aparecerá un menú en el que formularemos la siguiente solicitud «tonos pastel, cambiar elementos en naranja por tonos rosados y blancos». Haremos clic en el botón *Generar.* A continuación, se mostrará un listado de imágenes generadas.

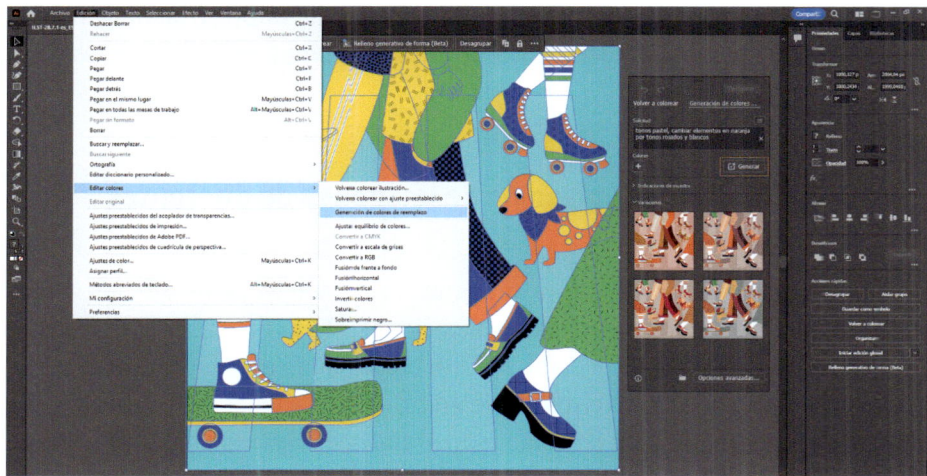

Figura 2.11. Colorimetría de imágenes con inteligencia artificial (IA).

2.8. Utilización de librerías de figuras

Adobe Stock ofrece una extensa biblioteca de imágenes, gráficos y vídeos creados para Illustrator, Photoshop e InDesign en forma de activos de diseño. Acobe Stock ofrece diferentes tarifas que permiten a los creativos y a los vendedores comprar imágenes sueltas o planes mensuales de descarga. Este servicio está disponible para usuarios suscritos y no suscritos a Creative Cloud. Una vez suscritos los datos de alta en el servicio, el proceso de acceso a la información de la biblioteca es sencillo.

1. En Adobe Illustrator desde *Ventana > Librerías,* podremos acceder a nuestras bibliotecas.

2. Buscaremos imágenes desde el panel de bibliotecas *(Libraries)* de Adobe Stock. Realizaremos una búsqueda en el menú del campo de búsqueda. Examinaremos las imágenes o ilustraciones en los resultados de la búsqueda. Si necesitamos más información acerca de una ilustración concreta haremos clic con el botón derecho en ella y seleccionaremos *Ver detalles en la web.* Si necesitamos buscar imágenes similares a una imagen en particular mostrada en los resultados de búsqueda, haremos clic con el botón derecho del ratón en la imagen y seleccionaremos *Buscar similares.*

3. Guardaremos y utilizaremos la imagen o ilustración. Mantendremos el cursor sobre la imagen o ilustración. A continuación, haremos clic en *Guardar vista previa para* y guardaremos una versión con marca de agua de la imagen en la biblioteca que tengamos seleccionada.

4. Licenciar la imagen. Cuando estemos listos para usar la versión sin marcas de agua, haremos clic con el botón derecho del ratón en la imagen de la biblioteca en *Elegir imagen de licencia* y seguiremos las indicaciones para completar la compra.

2.9. Importación y exportación de imágenes de diferentes formatos

Illustrator permite importar tanto imágenes rasterizadas como dibujos vectoriales de archivos creados en otras aplicaciones. Para realizar la importación, se emplea el menú *Archivo > Colocar*. Este proporciona el mayor nivel de compatibilidad para los tipos o formatos de archivo, las opciones de importación, o colocación, y del color. Tras de colocar un archivo, deberemos mostrar el panel *Enlaces* para gestionarlo.

- Desde el documento en Adobe Illustrator en el que deseamos colocar la nueva ilustración, seleccionaremos *Archivo > Colocar* y a continuación el archivo.

- Seleccionamos *Enlazar* para crear un enlace al archivo o deseleccionamos *Enlazar* para incrustar la ilustración en el documento. Haremos clic en *Colocar*.

- Si estamos incrustando un archivo de Adobe Photoshop, elegiremos cómo convertir las capas. Si estamos colocando un archivo PDF de más de una página, elegiremos una.

Panel *Enlaces*

Usando el panel *Enlaces* gestionaremos todas las ilustraciones incrustadas o enlazadas. Este nos mostrará una miniatura de cada ilustración además de una serie de estados. Un archivo enlazado puede aparecer como:

- Actualizado. Solo muestra el nombre del archivo.

- Modificado. La versión del archivo en el disco será más actual que la versión del documento.

- No disponible. No está localizable en la ubicación desde la que se importó. Si imprime o exporta un documento con un enlace no disponible es posible que se generen errores.

- Incrustado. Cuando se incrusta el contenido de un archivo enlazado se suspenderán las operaciones de administración de este enlace.

Exportación de una ilustración a varios formatos y tamaños

Illustrator admite la exportación a diferentes formatos de ficheros: dibujo de AutoCAD y archivo de intercambio de AutoCAD (DWG y DXF), BMP, EMF (gráficos vectoriales), JPEG, PICT, Flash (SWF), Photoshop (PSD), PNG, TGA, TXT, TIFF y WMF. Además, permite definir opciones de exportación específicas para las siguientes aplicaciones, herramientas o tipos de formato: AutoCAD, Flash, JPEG, Photoshop y PNG.

Para exportar un documento, seleccionaremos [1] *Archivo > Exportar*. [2] Definiremos la ubicación y nombre de archivo. [3] Definiremos un formato en el menú *Guardar como* y haremos clic en *Guardar* o *Exportar*.

Exportación de mesas de trabajo

Además, es posible, exportar mesas de trabajo completas a los siguientes formatos: SWF, JPEG, PSD, PNG y TIFF.

Desde el panel *Capas-Mesas de trabajo,* seleccionaremos con un clic las mesas de trabajo que necesitemos exportar. A continuación, desde *Archivo > Guardar como* exportaremos las mesas de trabajo seleccionadas a los formatos permitidos.

Resumen

Este bloque de contenidos trata sobre las principales herramientas y técnicas empleadas en la creación y manipulación de gráficos vectoriales y rasterizados, con un enfoque particular en **Adobe Illustrator**. Se analizan las características y funciones clave, como la creación de objetos simples, la transformación, alineación y conexión entre figuras. Se destaca la posibilidad de **unir y desunir objetos** mediante herramientas como *Buscatrazos, Trazados compuestos* y *Formas compuestas,* que permiten generar nuevas formas complejas.

Además, el tema cubre las **herramientas de alineación** y fusión de figuras, esenciales para ajustar con precisión la posición y distribución de objetos dentro del lienzo. También se abordan las **agrupaciones de objetos** y otras operaciones, como consolidar capas y grupos para optimizar la organización del trabajo en la interfaz.

Otra parte importante de la unidad es la selección de **colores y texturas**, con diversas herramientas como el **selector de color**, el **panel de *Muestras* y motivos** de relleno y trazado, que facilitan la creación de diseños únicos y profesionales. Finalmente, se destaca la **inteligencia artificial** con una herramienta como **Generative Recolor**, que permite generar variaciones automáticas de color, y el uso de librerías de Adobe Stock, que ofrece recursos gráficos accesibles para diseñadores, mejorando la productividad y calidad de los proyectos.

Mapa conceptual

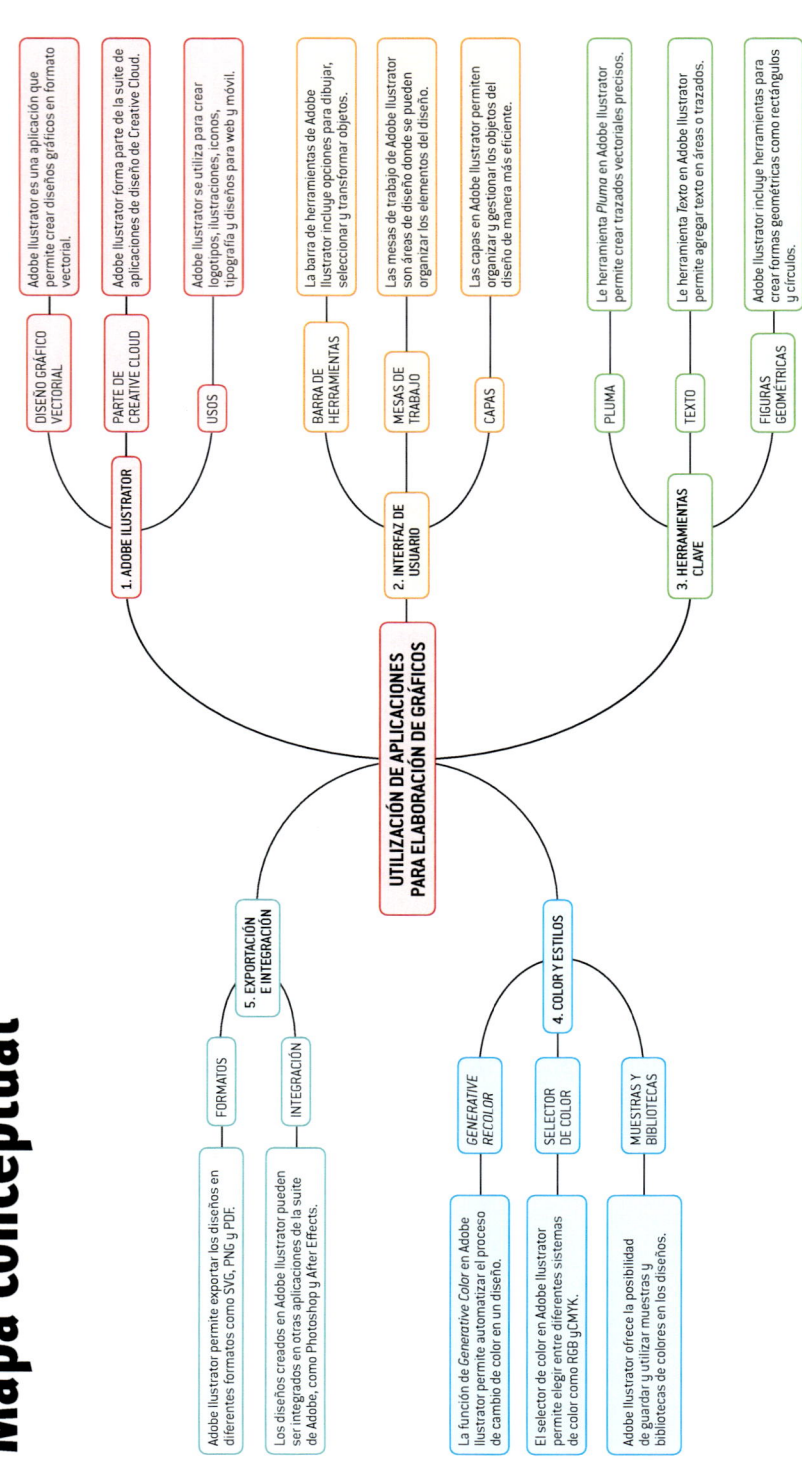

UTILIZACIÓN DE APLICACIONES PARA ELABORACIÓN DE GRÁFICOS

1. ADOBE ILUSTRATOR

- **DISEÑO GRÁFICO VECTORIAL**: Adobe Ilustrator es una aplicación que permite crear diseños gráficos en formato vectorial.
- **PARTE DE CREATIVE CLOUD**: Adobe Ilustrator forma parte de la suite de aplicaciones de diseño de Creative Cloud.
- **USOS**: Adobe Ilustrator se utiliza para crear logotipos, ilustraciones, iconos, tipografía y diseños para web y móvil.

2. INTERFAZ DE USUARIO

- **BARRA DE HERRAMIENTAS**: La barra de herramientas de Adobe Ilustrator incluye opciones para dibujar, seleccionar y transformar objetos.
- **MESAS DE TRABAJO**: Las mesas de trabajo de Adobe Ilustrator son áreas de diseño donde se pueden organizar los elementos del diseño.
- **CAPAS**: Las capas en Adobe Ilustrator permiten organizar y gestionar los objetos del diseño de manera más eficiente.

3. HERRAMIENTAS CLAVE

- **PLUMA**: Le herramienta *Pluma* en Adobe Ilustrator permite crear trazados vectoriales precisos.
- **TEXTO**: Le herramienta *Texto* en Adobe Ilustrator permite agregar texto en áreas o trazados.
- **FIGURAS GEOMÉTRICAS**: Adobe Ilustrator incluye herramientas para crear formas geométricas como rectángulos y círculos.

4. COLOR Y ESTILOS

- **GENERATIVE RECOLOR**: La función de *Generative Color* en Adobe Ilustrator permite automatizar el proceso de cambio de color en un diseño.
- **SELECTOR DE COLOR**: El selector de color en Adobe Ilustrator permite elegir entre diferentes sistemas de color como RGB y CMYK.
- **MUESTRAS Y BIBLIOTECAS**: Adobe Ilustrator ofrece la posibilidad de guardar y utilizar muestras y bibliotecas de colores en los diseños.

5. EXPORTACIÓN E INTEGRACIÓN

- **FORMATOS**: Adobe Ilustrator permite exportar los diseños en diferentes formatos como SVG, PNG y PDF.
- **INTEGRACIÓN**: Los diseños creados en Adobe Ilustrator pueden ser integrados en otras aplicaciones de la suite de Adobe, como Photoshop y After Effects.

3. Utilización de aplicaciones de retocado de fotografía

Contenido

Adobe Photoshop es una herramienta destinada al retoque fotográfico y de bitmaps que, además, permite la modificación de imágenes vectoriales. No obstante, se considera a Adobe Illustrator la herramienta especializada e idónea para la creación y edición de imágenes vectoriales. A lo largo de esta unidad, estudiaremos Adobe Photoshop, líder en el mercado de edición de imágenes, para el retoque de fotografías y gráficos, en su versión CC (Creative Cloud) 2017. Su descarga puede efectuarse desde la URL https://www.adobe.com/es/procucts/photoshop/free-trial-downlcad.html y suele estar disponible por siete días de prueba gratuita.

3.1. Descripción de la interfaz gráfica de usuario

La primera vez que iniciamos Photoshop el espacio de trabajo dispondrá de una configuración por defecto, denominada *Aspectos esenciales*. Abriremos la primera fotografía en el espacio de trabajo desde *Archivo > Abrir*. Una vez cargada, desde el menú *Ventana >Espacio de trabajo,* observaremos cómo se alternan los diferentes paneles laterales y sus componentes al cambiar entre: gráfico y web, movimiento pintura y fotografía.

El usuario, además, tiene la posibilidad de crear su propio espacio de trabajo personalizado con los paneles y herramientas que necesite desde *Ventana > Espacio de trabajo > Nuevo espacio de trabajo*. Al colocar el puntero del ratón sobre cada una de las herramientas de los paneles, observaremos que aparece el nombre de la herramienta en un cuadro de texto.

Figura 3.1. Descripción de la interfaz: menús, barras de herramientas y paneles en Photoshop.

En la zona izquierda dispondremos de la barra de herramientas. En la zona superior se presenta la barra de menús y, justo debajo, la barra de opciones, correspondiente a cada herramienta. En función de la herramienta actual seleccionada, dicha barra de opciones irá variando.

En la zona derecha aparecen diferentes paneles. Estos corresponden a los marcados como visibles en el menú *Ventana.* En el ejemplo de la Figura 3.1 se muestran *Bibliotecas, Capas* y *Color:*

- Color: muestra los valores actuales del color frontal y de fondo. En el panel *Color* hay dos reguladores para modificarlos.

- Muestras: almacena los colores que más frecuentemente se emplean. Se pueden añadir colores al panel, eliminarlos o visualizar bibliotecas de colores para otros proyectos.

- Biblioteca: proporciona un mecanismo para capturar activos de diseño desde diversas aplicaciones, sin limitarse solo a las de escritorio. El usuario podrá crear imágenes, colores, estilos de texto en distintas aplicaciones de escritorio y móviles de Creative Cloud y, a continuación, acceder a sus creaciones desde otras aplicaciones de escritorio y móviles. Una biblioteca puede almacenar hasta mil activos.

- Ajustes: seleccionándolo se abrirá un nuevo panel para modificar los valores de una nueva capa de ajuste de brillo/contraste, niveles, curvas, exposición, intensidad, tono/saturación, equilibrio de color, blanco y negro, filtro de fotografía, mezclador de canales, consulta de colores, inversión, posterización, ajuste de umbral, corrección selectiva y mapa de degradado. La capa seleccionada se añadirá en el panel inferior *Capas.*

- Capas: asemejan a una serie de hojas de acetato apiladas que permiten añadir componentes a una imagen y trabajar con ellos de uno en uno, sin alterar la imagen original. En cada capa, se puede ajustar el color, brillo, aplicar efectos, definir valores de fusión y opacidad, cambiar los elementos de posición, etc. También se puede reorganizar el orden de apilamiento y enlazar capas para trabajar en ellas simultáneamente. Existen dos tipos de capas: de ajuste y de relleno:

  a) Las capas de ajuste proporcionan ajustes de color y tono a una imagen, sin realizar un cambio permanente en los valores de los píxeles. Por ejemplo, se puede crear una capa de ajuste de color; los cambios se almacenarán en la misma capa y se aplicarán a todas las capas situadas por debajo de ella. Los cambios podrán descartarse y se restaurará la imagen original cuando se desee.

b) Las capas de relleno permiten rellenar una capa con un motivo, un cegradado o un color de tipo uniforme. Estas capas no afectarán a las capas que se tengan debajo.

- Canales: guardan la información sobre los elementos de color de una imagen. El número de canales de color de una imagen variará en función del modo del color del tipo de imagen.

- Trazado: muestra una imagen en miniatura de los trazados que hemos ido aplicando a la imagen, así como el trazado de trabajo actual y la máscara vectorial actual.

Por último, en la zona inferior, tenemos la barra de estado con dos campos numéricos. En el primer campo tendremos el *zoom* con el que estamos viendo el lienzo; en el segundo campo se podrá mostrar y personalizar una información, como por ejemplo, tamaño de archivo, perfil del documento, etcétera.

El usuario puede agregar o eliminar tantos paneles como deseemos a través del menú *Ventana,* los paneles *Navegador* e *Información:*

Ventana > Navegador desplegará el panel *Navegador* (ver Figura 3.1). Este panel permitirá una visualización en miniatura y mostrará un cuadro coloreado del navegador, denominado área de previsualización. En dicha área podremos, por ejemplo, reducir o aumentar el *zoom,* cambiar el color del área de previsualización.

Ventana > Información desplegará el panel *Información.* Este panel muestra los valores del color situado bajo el puntero y, en función de la herramienta que se esté utilizando, otra información como coordenadas del puntero, ángulo de rotación del marco y tamaño, perfil y dimensiones del documento, entre otros.

Hay diversas maneras de trabajar con el *zoom* en el lienzo. En circunstancias en las que tengamos que movernos por toda nuestra imagen con distancias variables de *zoom* se aconseja usar el panel *Navegador.* En otras circunstancias haremos uso de los diferentes modos de pantalla (ver esquina inferior izquierda de la Figura 3.1).

a) Modo de pantalla estándar: para visualizar el modo por defecto.

b) Modo de pantalla entera con barra de menús: se mostrará una barra de menú y un fondo gris del 50 %, pero sin barras de título ni de desplazamiento.

c) Modo de pantalla entera: para visualizar una ventana en pantalla entera solo con un fondo negro (sin barras de título, de menús ni de desplazamiento).

Por último, también es posible seleccionar la herramienta *Mano* y arrastrarla para tener una panorámica de la imagen. Para utilizar la herramienta *Mano* mientras está seleccionada otra herramienta, mantenga pulsada la barra espaciadora mientras arrastra en la imagen.

3.2. Utilización de herramientas para seleccionar y editar

Usando la Figura 3.1. *Descripción de la interfaz* y el siguiente cuadro de herramientas (Figura 3.2), analizaremos el uso de las principales herramientas de selección y de retoque.

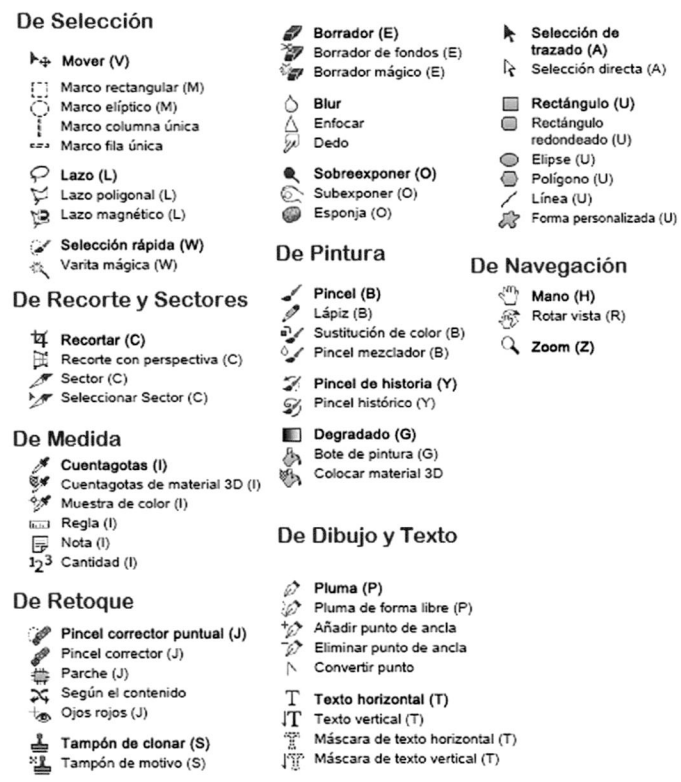

Figura 3.2. Agrupación de herramientas de Photoshop.

- Herramientas *Marco:* realizan selecciones rectangulares, elípticas, de fila única y de columna única. Por ejemplo: para seleccionar un área cuadrada, hay que [1] activar la herramienta *Marco rectangular.* [2] Colocar el cursor en el punto de la imagen donde debe aparecer la esquina del rectángulo imaginario y hacer clic con el botón izquierdo del ratón. [3] Realizar la selección teniendo apretada la tecla *Shift.* Debemos tener en cuenta que si ya tenemos algún área seleccionada, será añadida a la selección precedente. Para evitarlo, hay que apretar la tecla *Shift* solo cuando empieza a seleccionar un área. La herramienta *Mover* permite mover selecciones, capas y guías.

- Herramientas *Lazo* (*Lazo, Lazo poligonal* y *Lazo magnético*): el *Lazo poligonal* es útil para dibujar segmentos de borde rectilíneo de un borde de selección. El *Lazo magnético* es muy útil para seleccionar rápidamente objetos con bordes complejos en fondos con mucho contraste. El borde se ajustará a los bordes de las áreas definidas de la imagen. El *Lazo magnético* no está disponible para imágenes de 32 bits por canal. Ambas herramientas se ocultan en la barra de herramientas detrás del mismo icono y, por defecto, se mostrará la última herramienta utilizada.

Por otro lado, el *Lazo* es útil para dibujar segmentos de forma libre de un borde de selección.

Ejemplo

Eliminación de elementos en una fotografía usando la herramienta *Lazo*

En la Figura 3.3 hemos empleado la herramienta *Lazo* [1] para contornear el área que se quiere eliminar. Para añadir, restar o realizar una intersección con una selección existente, haremos clic en el botón correspondiente de la barra de opciones [2] (*Nueva, Añadir a, Restar de, Formar intersección con*). [3] Realizamos la selección del área y cerraremos el borde de selección, soltando el botón del ratón.

Figura 3.3. Uso del *Lazo* y *Relleno automático de áreas.*

Sobre el área, con el botón derecho del ratón *Rellenar* y, en el menú emergente, dejaremos marcado *Según el contenido* y *Adaptación de color*. Photoshop autocompletará la zona usando las características de los píxeles cercanos. Observa cómo el pie derecho del señor se ha remuestreado. Repetiremos el mismo proceso hasta eliminar completamente las zonas deseadas. Observa en el punto [4] una miniatura del final del proceso.

- Herramientas de *Selección rápida* (*Selección rápida* y *Varita mágica*): la *Selección rápida* se emplea para pintar rápidamente una selección mediante una punta de pincel redonda ajustable. Al arrastrar, la selección se expande hacia fuera y busca y sigue automáticamente los bordes definidos en la imagen (si la herramienta no está visible, mantendremos pulsada la herramienta *Varita mágica*). Es posible cambiar el tamaño de la punta de pincel desde el menú emergente *Pincel* en la barra de opciones. La herramienta *Varita mágica* permite seleccionar un área coloreada de forma coherente (por ejemplo, una flor rosa) sin tener que trazar su contorno. Puede especificar la gama de colores seleccionada, o tolerancia, con relación al color original que selecciona. No puede utilizar la herramienta *Varita mágica* en una imagen en modo mapa de bits ni en imágenes de 32 bits por canal.

Dentro de las herramientas de edición destacamos las herramientas *Pincel corrector, Parche, Tampón de clonar, Borrador* y *Sobreexponer/Subexponer*.

- *Pincel corrector:* permite corregir imperfecciones y hacerlas desaparecer empleando píxeles muestreados de una imagen o un motivo. Sin embargo, también hace coincidir la textura, iluminación, transparencia y sombreado de los píxeles muestreados con los píxeles que se están corrigiendo, dando lugar a píxeles reparados que se fusionan perfectamente con el resto de la imagen.

- *Parche:* permite reparar un área seleccionada con píxeles de otra área. Al igual que la herramienta anterior, hace coincidir la textura, el sombreado y la iluminación de los píxeles muestreados con los de origen. Se puede emplear el parche para clonar áreas aisladas de una imagen y se recomienda seleccionar áreas pequeñas para obtener resultados óptimos.

- *Tampón de clonar:* para copiar los valores de los píxeles de un lugar y un momento y aplicarlos en otro lugar y momento. Esta herramienta muestrea los píxeles desde una capa de origen y aplica los valores de los píxeles muestreados a una capa de destino; la capa de destino podrá ser la misma o una diferente de la misma composición.

- *Borrador:* cambia los píxeles al color de fondo o les da un aspecto transparente. En el caso de trabajar en el fondo o en una capa con la transparencia bloqueada, los píxeles cambiarán al color de fondo; de lo contrario, la transparencia reemplazará a los píxeles. La herramienta *Borrador* también puede emplearse para devolver el área afectada a un estado seleccionado en el panel *Historia.* Si utiliza la herramienta *Borrador* en el modo origen de capa y pintura o solo pintura, se crean trazos de *Borrador* que se pueden modificar y animar. Por el contrario, si utiliza la herramienta *Borrador* en el modo solo último trazo afecta únicamente al último trazo de pintura y no crea un trazo de *Borrador.*

Ejemplo

Uso de herramientas de edición. Alteraremos los tamaños y formas de uno de los siguientes tomates

[1] Clic derecho del ratón sobre la herramienta *Lazo* para seleccionar *Lazo poligonal.* [2] Aplicaremos una selección sobre el primer objeto procurando dejar la misma distancia respecto al objeto en toda la selección. Marcaremos la opción suavizar para que los contornos queden lo más curvilíneos posible. [3]. Sobre la capa *Fondo* haremos clic derecho de ratón *Duplicar capa.* [4] Sobre esta capa *Fondo copia,* seleccionaremos menú *Edición > Deformación de posición libre,* y aparecerá una malla sobre la imagen. En los bordes de la malla marcaremos, con clic de ratón, una serie de puntos. Cuantos más puntos indiquemos, más precisión conseguiremos en la deformación. También podremos marcar puntos en el interior de la malla.

[5] Seleccionaremos un punto y, con el clic de ratón pulsado, arrastraremos hacia la zona que deseemos mover. Observaremos cómo va deformándose la imagen. Realizaremos el mismo proceso con todos los puntos que queramos. Para finalizar, presionaremos *Intro* o seleccionaremos otra herramienta.

[6] Como vemos, han quedado algunos restos de la imagen tras hacer la deformación. Deberemos eliminarlos combinando todas las capas visibles en una sola capa (denominado *Acopiar imagen*), en Windows con *Ctrl + Shift + Alt + E,* en macOS con *Command + Alt + Shift + E.* Aparecerá una nueva capa, llamada *Capa 1,* sobre *Fondo copia* y *Fondo.*

[7] Sobre la nueva *Capa 1,* emplearemos la herramienta *Parche* y con el botón del ratón pulsado arrastraremos la selección a una zona con color similar. Lo mismo haremos en otras zonas para eliminar restos de sombra de la imagen.

[8] Aún hay que eliminar restos sobrantes y zonas demasiado angulosas. En la barra de herramientas seleccionamos el *Lazo poligonal* y en la barra de opciones aplicaremos a la opción *Desvanecer* 0,5 píxeles. Marcamos con el *Lazo poligonal* la zona que se desea eliminar. [9] Seleccionaremos el *Tampón de clonar.* Con el botón derecho del ratón seleccionaremos (en el menú emergente) la dureza del tampón al mínimo. A la vez que pulsamos *Alt,* seleccionaremos un

punto en la zona del color que queremos imitar (seleccionar el origen de la clonación). A continuación, iremos aplicando el tampón sobre la zona marcada en el apartado [8].

Figura 3.4. Aplicación de herramientas de edición y retoque.

3.3. Utilización de herramientas de transformación

Estudiaremos las herramientas: *Desenfocar, Enfocar, Dedo, Sobreexponer* y *Subexponer.*

- *Desenfocar:* suaviza los bordes duros o reduce el detalle de la imagen. Cuanta más pintura se aplique a un área con la herramienta Desenfocar, más se desenfocará. Realizamos las acciones siguientes en la barra de opciones: 1. Seleccionar una punta de pincel. 2. Definir las opciones del modo de fusión. 3. Elegir la intensidad en la barra de opciones. 4. Muestrear todas las capas en la barra de opciones para desenfocar utilizando los datos de todas las capas visibles. Si la opción está deseleccionada, la herramienta solo utiliza los datos de la capa activa. 5. Arrastramos el puntero sobre el área de la imagen que queremos desenfocar.

- *Enfocar:* enfoca los bordes suaves de una imagen. Cuanta más pintura se aplique en un área con la herramienta, mayor será el efecto de enfoque. Para usarla: 1. Seleccionamos una punta de pincel. 2. Definimos las opciones del modo de fusión. 3. Elegimos la intensidad en la barra de opciones 4. Muestreamos todas las capas en la barra de opciones para enfocar utilizando los datos de todas las capas visibles. Si esta opción está deseleccionada, la herramienta solo utiliza los datos de la capa activa. 5. Arrastramos el puntero sobre el área de la imagen que queremos enfocar.

- *Dedo:* difumina partes de una imagen. Simula el efecto que se consigue al pasar un dedo por pintura fresca. La herramienta recoge el color en el punto donde empieza el trazo y lo empuja y extiende en la dirección del arrastre.

- *Sobreexponer/Subexponer:* estas herramientas aclaran u oscurecen ciertas zonas de la fotografía. Ambas se basan en una técnica de revelado tradicional de fotografía que se utilizaba para regular la exposición de determinadas áreas de una fotografía impresa. Cuanta más pintura se aplique sobre un área con la herramienta *Sobreexponer* o *Subexponer,* esta se oscurecerá o aclarará más. Por último, si se aplica la herramienta *Sobreexponer* o *Subexponer* en la capa del fondo, se alterará permanentemente la información de la imagen.

Ejemplo

Uso de las herramientas *Sobreexponer/Subexponer*

[1] Seleccionamos la herramienta *Sobreexponer.* [2] Configuraremos el diámetro del *Pincel.* A continuación, hemos decidido aplicar un poco de luz sobre los ojos, en la zona superior derecha del labio, en el pelo, hombro izquierdo, sienes y sobre todo el fondo de la fotografía.

El efecto se puede ver en la imagen en miniatura de la Figura 3.5.

Si queremos deshacer todos los cambios aplicados a la imagen, solo tenemos que ir a *Archivo > Volver.*

Figura 3.5. Uso del *Pincel* y *Sobreexponer*.

3.4. Utilización de herramientas de color

- *Degradado:* permite crear una fusión gradual entre varios colores. Se pueden seleccionar rellenos degradados preestablecidos o cada usuario puede crear sus propios degradados. Esta herramienta no puede emplearse con imágenes de mapa de bits o de color indexado. Su uso es: (1) Para rellenar parte de la imagen, seleccionaremos el área deseada. Si no, el degradado se aplicará a toda la capa activa. (2) En la barra de opciones elegimos el relleno de degradado.

- *Bote de pintura:* rellena los píxeles adyacentes que tienen un valor de color similar a aquellos en los que se ha hecho clic. No se puede usar con imágenes en modo mapa de bits. Su uso es: (1) Seleccionar un color frontal. (2) Seleccionar la herramienta *Bote de pintura*. A continuación, se puede especificar rellenar la selección con el color frontal o con un motivo, indicar un modo de fusión y una opacidad para la pintura. Si se desean suavizar los bordes de la selección rellenada, seleccionaremos *Suavizar*. (3). Por último, haremos clic en la parte de la imagen que se desea rellenar. Algunas opciones interesantes del *Bote de pintura* son:

  — Tolerancia: indica el grado de similitud que debe existir entre los píxeles para rellenar. Con valores bajos rellena los píxeles de valores de color muy similares al píxel marcado. Con valores altos rellena píxeles con una gama de colores más amplia.

— Contiguos: define el grado de similitud que debe existir entre los colores y rellena píxeles adyacentes de color similar. Si pretendemos rellenar todos los píxeles parecidos de la imagen y que estén aislados, deberemos desmarcar esta opción.

— Suavizado: suaviza los bordes de la sección que se ha rellenado.

— Modo: el modo de fusión especificado en la barra de opciones controla la influencia de una herramienta de pintura o de edición sobre los píxeles de la imagen. El modo normal es el modo por defecto y edita o pinta cada píxel para darle el color resultante. Existen numerosos modos: disolver, detrás, borrar, oscurecer, multiplicar, subexponer color, subexposición lineal, aclarar, trama, sobreexponer color, sobreexposición lineal, superponer, luz suave, luz fuerte, luz intensa, luz lineal, luz focal, mezcla definida, diferencia, exclusión, restar, dividir, tono, saturación, reguladores, luminosidad, color más claro, color más oscuro.

3.5. Utilización de herramientas de pintura

Selección de colores

Antes de emplear las herramientas de pintura deberemos ver cómo se realiza la selección de colores en Photoshop. Existen diferentes herramientas.

• Color *Frontal actual.* Se sitúa en el cuadro superior de selección de color del cuadro de herramientas y el color de fondo, en el cuadro inferior.

• Herramienta *Cuentagotas.* Toma muestras de color para designar un nuevo color frontal o de fondo. Se pueden tomar muestras de la imagen activa o de cualquier otra parte de la pantalla.

• El selector de color de Adobe. Ubicado en el panel derecho, se emplea para definir el color frontal, el color de fondo y el color del texto. Photoshop admite los cuatro modelos de color: HSB, RGB, Lab y CMYK. También puede acceder a un selector HDR (de alto rango dinámico) apropiado para la selección de colores para su uso en imágenes HDR. El selector de color se emplea indicando, en los campos de texto, el valor numérico del color deseado, o bien se puede utilizar el regulador de color y el campo de color para previsualizar el color que se va a elegir, así los valores numéricos se ajustarán de acuerdo con ambos parámetros. El cuadro de color, a la derecha del regulador de color, muestra el color ajustado en la sección superior y el color original en la inferior. En caso de que el color no sea compatible con web o no sea imprimible, aparecerán alertas.

Ejemplo

Uso de *Cuentagotas, Bote de pintura* y panel de *Color*

Desde *Ventana > Color,* tendremos disponible el panel de *Color.* A continuación, [1] seleccionamos un color con el *Cuentagotas,* por ejemplo, el color del taxi amarillo. Observaremos que ha cambiado el color frontal. Dicho color se identificará además como muestra en la zona del panel de *Color.* [2] Seleccionaremos el *Bote de pintura.* [3] Cambiaremos el color del coche rosa por el amarillo seleccionado como color frontal. Hacemos clic sobre el coche rosa, y todos los píxeles del mismo rosa se tornarán a amarillo. Al tener activado el modo contiguo en la barra de opciones, solamente se buscarán pixeles adyacentes. El factor de tolerancia lo dejaremos en 32. Nos ayudaremos del *zoom* del *Navegador* para buscar los píxeles que faltan por cambiar. Observa en la Figura 3.6, en la miniatura de la derecha, los cambios que se han producido.

Figura 3.6. Uso de *Bote de pintura* y opciones. Útil en diseños tipo caricatura o imágenes con trazos muy definidos y contrastes más visibles.

Existen otras herramientas de pintura que nos proporcionarán más precisión que el *Bote de pintura.* Sin embargo, si variamos en sus opciones a modo luz suave, opacidad 100 % y tolerancia 100 %, [1] con el *Bote de pintura* seleccionado, haremos clic sobre zonas determinadas de la Figura 3.7 [2], [3], [4] y [5].

Todos los colores presentes en la imagen en las zonas 2, 3, 4 y 5 (negro , verde, azul y blanco) recibirán el pigmento seleccionado en el color frontal.

Figura 3.7. Aplicación de modo de luz suave con tolerancia máxima.

Pincel y Lápiz

Ambas herramientas permiten pintan el color frontal en una imagen. Por un lado, el *Pincel* crea trazos suaves de color; por otro lado, el *Lápiz* crea líneas con bordes de aspecto duros. Junto a estas herramientas puede ser necesario usar la herramienta *Rotación* (o *Rotar vista*) para girar el lienzo y poder realizar trazos más fácilmente. Su uso es: [1] seleccionar un color frontal. [2] Seleccionar la herramienta *Pincel* o la herramienta *Lápiz*. [3] Seleccionar las opciones de modo y opacidad en la barra de opciones. [4] Hacer clic en la imagen para pintar y arrastre. Para dibujar una línea recta, hacer clic en un punto inicial de la imagen y mantener pulsada la *Mayús* hasta hacer clic en un punto final.

En la configuración de la barra de opciones para el *Pincel* y el *Lápiz* aparecerán las siguientes:

- Modo: indica cómo se fusionará el color a pintar con los píxeles subyacentes existentes. Los modos disponibles cambian según la herramienta se eccionada actualmente.

- Opacidad: indica la transparencia del color que aplique. Al pintar sobre un área, la opacidad no excederá el nivel definido hasta que suelte el botón del ratón. Si vuelve a realizar un trazo sobre el área, se aplicará color adicional, equivalente a la opacidad definida.

- Flujo: indica la velocidad a la que se aplica el color al mover el puntero del ratón sobre un área. Si al pintar sobre un área se mantiene pulsado el botón del ratón, el volumen de color se aplicará según la velocidad del flujo, hasta alcanzar el ajuste de opacidad.

- Aerógrafo: al mover el puntero sobre un área simula la pintura de un aerógrafo. La pintura se crea mientras se mantiene pulsado el botón del ratón.

- Borrado automático (solo para la herramienta *Lápiz*): pinta el color de fondo sobre áreas que contienen el color frontal. Seleccione el color frontal que desee borrar y el color de fondo al que desee cambiar.

El resto de las opciones variará según la herramienta seleccionada.

3.6. Utilización de filtros

Los filtros se utilizan para modificar las fotografías, aplicar efectos especiales que alteren sustancialmente la apariencia de la imagen a través de texturas, o bien para crear distorsiones en tonalidades, saturación o iluminación, entre otros. Por defecto, Photoshop incluye una serie de filtros accesibles desde el menú *Filtro*. Existen *plugins* desarrollados por otros programadores, que pueden descargarse e instalarse. Desde *Filtro > Galería de filtros* accederemos a la clasificación disponible y a una galería de miniaturas:

- Artísticos: para buscar efectos de tipo pictórico, algunos de ellos son espátula, pincel seco, plastificado, esponja, manchas.

- Bosquejar: dotan de textura a las imágenes para dar sensación de dibujos hechos a mano con carboncillo, conté crayón, estilográfica, reticulación o escayola, entre otros.

- Distorsionar: proporcionan un efecto de emborronado o distorsión a la imagen. Están disponibles el efecto cristal, ondas marinas y resplandor difuso.

- Estilizar: generan un efecto impresionista, realzando el contraste de una imagen con opciones como bordes resplandecientes u óleo.

- Textura: agrupan en celdas los píxeles con valores de color similares, posibilitando darles diferentes efectos. Dispone de azulejo de mosaico, granulado, grietas, retazos, texturizar y vidriera.

- Trazos de pincel: son similares a los filtros artísticos. Permiten aplicar, sombreados, contornos con tinta, salpicaduras, bordes acentuados, trazos oscuros y trazos con espray.

Existen otros bloques disponibles a través del menú *Filtros:*

- Pixelizar: de grabado, mosaico, pinceladas o puntillista, por ejemplo.

- Interpretar: para crear formas tridimensionales, motivos de nubes, motivos de refracción y simulaciones de reflexiones de la luz en una imagen.

Antes de aplicar filtros a las capas o canales de nuestras imágenes, deberemos tener en cuenta las siguientes consideraciones sobre filtros:

- Se aplican a la capa activa visible o a una selección de capas.

- Pueden aplicarse a imágenes de 8 bits.

- Algunos filtros solo podrán aplicarse a imágenes de tipo RGB.

- La mayoría de los filtros podrán aplicarse de manera sumativa a través de la galería de filtros.

Ejemplo

Uso de filtros para convertir una imagen en una obra impresionista

[1] En primer lugar, nos aseguraremos de que el tamaño de la imagen no es demasiado grande para que los filtros se apliquen adecuadamente. En nuestro caso, el tamaño de la imagen es de 3800 × 2500 píxeles (podemos ver o en *Imagen > Tamaño de imagen*) y deberemos reducir su tamaño.

[2] Abriremos una segunda imagen, que emplearemos para copiar su paleta de color. Hemos elegido una obra del autor José Salís Camino. Desde *Archivo > Abrir,* seleccionaremos nuestra segunda imagen de muestra. En el lienzo se visualizarán las dos pestañas con las dos imágenes.

[3] Seleccionamos la capa *Fondo* de la imagen original y, con clic derecho de ratón, seleccionamos *Duplicar capa fondo.* Nombraremos esta capa como *Óleo.*

[4] Seleccionamos la capa *Óleo* y desde el menú *Imagen > Ajustes > Igualar color* aparecerá una ventana *Igualar color.* En el combo origen seleccionamos la imagen que teníamos abierta del cuadro impresionista y veremos cómo inmediatamente se aplican los tonos de color. Ajustaremos los valores de transición y luminancia e intensidad de color y marcaremos neutralizar.

[5] Desde la capa *Óleo* haremos clic derecho del ratón *Duplicar* capa para hacer una copia de la capa. Le asignaremos el nombre *Puntillista.*

[6] Ocultaremos la capa *Puntillista* usando el icono *Ojo* junto al nombre de capa. Seleccionaremos la capa *Óleo* y desde *Filtro > Estilizar > Pintura al óleo* le dotaremos

de un aspecto al óleo. Este filtro solo está disponible a partir de la versión CS6 de Photoshop. Modificando los valores de estilizado a máximos y escala al mínimo observaremos los trazos ondulares típicos de los impresionistas.

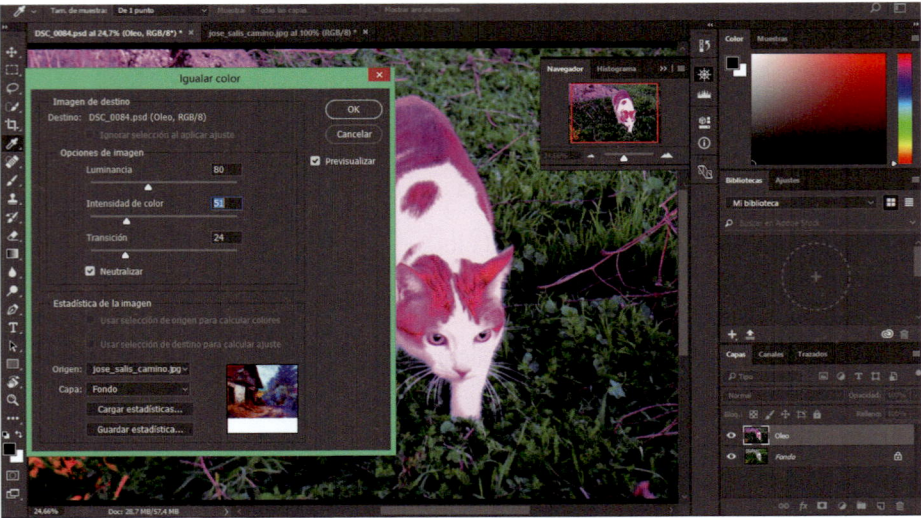

Figura 3.8. Igualando el color de la capa *Óleo* de la imagen principal con las tonalidades de la obra de José Salís Camino (en la imagen miniatura).

[7] Haremos visible la capa *Puntillista* y le aplicaremos *Filtro > Pixelizar > Puntillista.* En la ventana emergente seleccionaremos como tamaño de celda el valor 3. Si la imagen empleada fuera de mayor tamaño, se aconseja incrementar el tamaño de la celda. A continuación, en la capa *Puntillista,* reduciremos la opacidad aproximadamente al 20 % hasta detectar el efecto deseado.

Figura 3.9. Obra impresionista a partir de imagen. Últimos retoques de niveles, tono y saturación.

[8] Por último, es posible hacer ajustes en los niveles. Desde el panel inferior ajustaremos los niveles para dotar de mayor claridad a la imagen. Al hacer clic en el icono >> veremos cómo se ha creado la capa *Niveles 1*. También podemos ajustar el tono y la saturación.

3.7. Retoques impulsados por inteligencia artificial: *Neural Filters*

Una de las mejoras más notables en las versiones recientes de Adobe Photoshop es la incorporación de Neural Filters. Estas herramientas, impulsadas por Adobe Sensei, permiten a los usuarios aplicar retoques automáticos y precisos a las fotografías, utilizando tecnología de inteligencia artificial. Entre los filtros más útiles para el retoque fotográfico se encuentran *Suavizar la piel, Desenfoque de profundidad* y *Relleno generativo* (según el contenido basado en IA).

Hagamos una práctica: cargamos un fichero y abrimos la opción *Filtro > Neural Filters.* Se desplegarán filtros para retratos, creativos, color, fotografía y restauración. Seleccionaremos el filtro *Superzoom.* Hemos hecho un zoom de 16X de una imagen. A la vez se le puede aplicar reducción de ruido y enfoque.

Figura 3.10. Uso del filtro *Superzoom.*

3.8. Utilización de librerías de fotos

Bibliotecas Creative Cloud

Proporcionan un mecanismo para incorporar los diferentes diseños y activos de diseño (colores, estilos de caracteres, imágenes de Adobe Stock, etc.) desde diversas aplicaciones. Adobe dispone de una familia de aplicaciones móviles de Creative Cloud independientes de las aplicaciones de escritorio. Además, Adobe dispone de zonas para la descarga de activos de diseño en Adobe Stock o Creative Cloud Market. Los activos de diseño se podrán organizar en varias bibliotecas de Creative Cloud. La organización puede realizarse en proyectos, en tipos de activos o según los favoritos personales que emplee el usuario. Se pueden crear diseños e ilustraciones y reutilizarlos empleando objetos de las bibliotecas Creative Cloud.

Uso de bibliotecas con dispositivos móviles:

Existen diferentes herramientas para dispositivos móviles y *tablets* disponibles en los sistemas operativos IOS e Android, como CaptureCC, CompCC, Photoshop Mix, Photoshop Fix e Illustrator Draw. No obstante, nos centraremos en Photoshop Fix.

Adobe Photoshop Fix

La aplicación incorpora herramientas de edición profesional de Photoshop en una interfaz para dispositivos móviles (IOS y Android). Se puede emplear para corregir, suavizar, licuar o perfeccionar cualquier imagen desde el mismo dispositivo. El acceso a las fotografías se puede realizar iniciando sesión en Adobe Creative Cloud para perfeccionarlas o utilizarlas en otros proyectos creativos empleando CreativeSync. Al permitir la integración con Creative Cloud, será posible enviar las imágenes a otras herramientas de Photoshop, como Photoshop CC, Lightroom CC o Photoshop Mix para seguir procesándolas.

Algunas de las funciones de Photoshop Fix:

- Licuar caras: permite editar de forma significativa las características faciales; crear una sonrisa más amplia, reducir mejillas o editar otros puntos faciales de forma sencilla.

- Licuar: permite empujar, tirar, rotar, hinchar o cambiar la forma de cualquier área para crear efectos sutiles o drásticos.

- Corregir y parchear: permite corregir imperfecciones mediante contenido de áreas adyacentes y posteriormente fundir el resultado.

- Suavizar: permite pintar para suavizar o añadir nitidez a piel, paisajes u otro contenido.

- Aclarar y oscurecer: permite añadir o reducir luz de zonas concretas de una fotografía.

- Color: desaturizar para eliminar todo el color o para crear una mezcla de color y blanco y negro.

- Pintura: empleando un cuentagotas podremos muestrear colores y emplear un pincel ajustable y una goma de borrar.

- Ajustar: permite añadir viñetas y controlar la exposición, el contraste y la saturación.

- Desenfoque: permite hacer borrosa parte de una foto para llamar la atención sobre el sujeto principal.

Photoshop Fix convertirá todas las ediciones en capas, de tal manera que los cambios puedan ser reversibles y empaquetará las imágenes como archivos de tipo PSD.

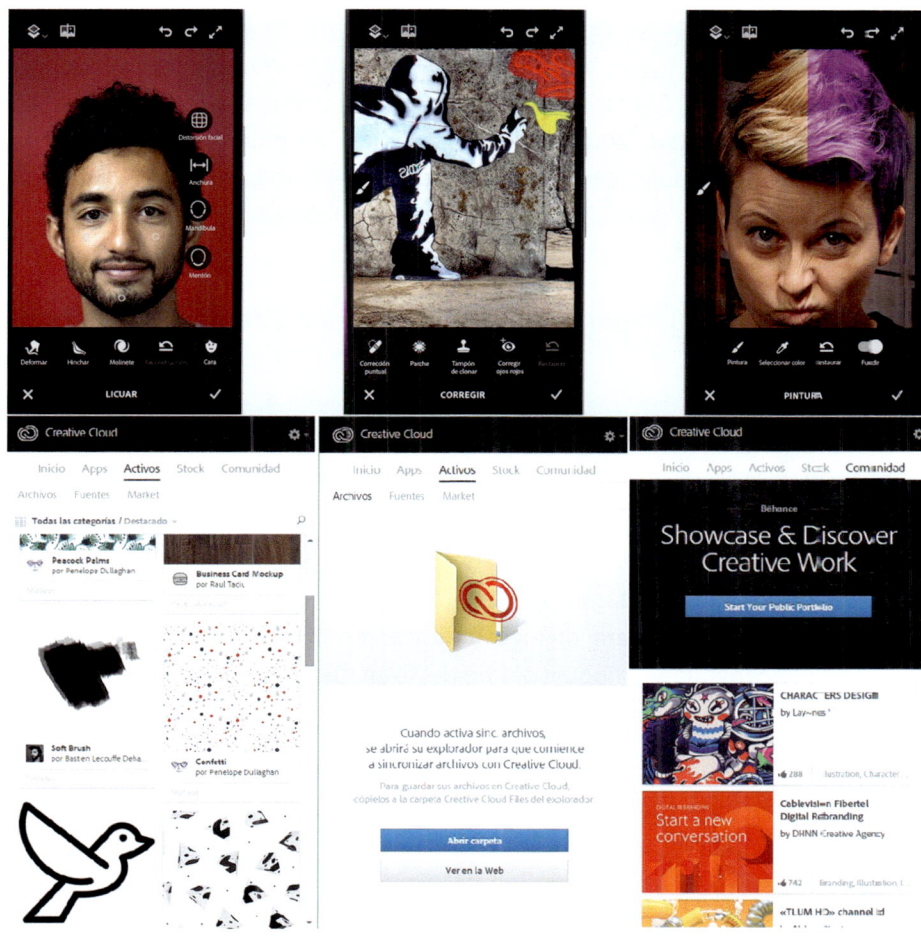

Figura 3.11. Zona superior 1: licuar, realizar distorsión, modificar anchura de rostro, mandíbula y mentón. Ejemplo 2: corrección puntual. Ejemplo 3: modificar y fundir colores. Zona inferior: Creative Cloud 1. Activos disponibles. 2. Activos propios para sincronizar. 3. Creación de portfolio público con Behance.

Se necesitará conexión a Internet y disponer de un identificador de Adobe. Para conseguirlo, el usuario puede registrarse en el sitio web de Adobe para obtener un Adobe ID gratuito para Photoshop Fix y Creative Cloud. Los servicios en línea de Adobe están disponibles únicamente para usuarios mayores de 13 años y requieren registro y la aceptación de condiciones adicionales y de la política de privacidad en línea de Adobe.

Uso de Creative Cloud Market

Se trata de una colección de contenidos, generalmente, diseños profesionales no libres o protegidos, que permitirá encontrar activos para modificar, manipular y usar como base del proceso creativo. Desde Market, los usuarios de Creative Cloud pueden acceder de forma gratuita, tanto desde aplicaciones móviles como de escritorio (a través de las aplicaciones conectadas de Creative Cloud), a una selección de gráficos vectoriales, iconos, patrones, kits de interfaz de usuario y otros. Creative Cloud Market está disponible para todos los usuarios de Creative Cloud de pago, excepto para clientes del Plan fotográfico. Los usuarios podrán descargar de manera gratuita hasta quinientos activos al mes.

3.9. Importación y exportación de imágenes a diferentes formatos

Importación

De manera general, para importar un fichero a Adobe Photoshop, emplearemos *Archivo > Abrir.* En el caso de archivos de tipo RAW y PDF, antes de abrir el fichero, deberemos indicar los ajustes y opciones. Como hemos comentado previamente, Photoshop admite el empleo de módulos *plugins.* Existen numerosos *plugins* para abrir e importar otros formatos de archivo. Si un formato de archivo no aparece en el cuadro de diálogo Abrir ni en el submenú *Archivo > Importar,* será necesario instalar el módulo *plugin* del formato.

Si se guarda un fichero con una extensión no relacionada con su formato (por ejemplo, un archivo PSD guardado con extensión .jpeg), o bien carece de extensión, Photoshop no podrá abrirlo, pero seleccionando el formato correcto Photoshop quizá pueda reconocerlo. Por ejemplo:

En Windows: desde *Archivo > Abrir como,* elegimos el archivo que deseamos abrir. A continuación, elegimos el formato en el menú emergente *Abrir como.*

En macOS: desde *Archivo > Abrir* y seleccionando *Todos los documentos* en el menú emergente *Mostrar.* A continuación, elegimos el archivo que deseamos abrir y el formato de archivo deseado en el menú emergente *Formato.*

Importar imágenes desde una cámara digital con WIA

Hay cámaras digitales que permiten importan imágenes utilizando el soporte *Windows Image Acquisition* (WIA). Cuando se usa WIA, Photoshop recurre a Windows y al programa de la cámara digital o del escáner para realizar la importación de imágenes directamente a Photoshop.

a) Desde *Archivo > Importar > Soporte WIA.* Indicaremos un destino para guardar las imágenes.

b) Marcaremos la opción *Abrir imagen adquirida* en Photoshop. En caso de importar muchas imágenes, o bien si editamos las imágenes posteriormente, anularemos la selección de la opción *Abrir imagen adquirida.*

c) Si marcamos *Crear carpeta única,* guardaremos las imágenes importadas directamente en una carpeta cuyo nombre es la fecha actual.

d) Haremos clic en *Inicio* y seleccionaremos la cámara digital desde la que se van a importar las imágenes.

Exportación

Photoshop admite la exportación de imágenes a los siguientes formatos de archivo:

Photoshop PSD, PSB, BMP, CompuServe GIF, IFF, JPEG, PCX, PDF, Pixar, PNG, RAW de Photoshop y TIFF, entre otros. Las imágenes de tipo 3D podrán exportarse a los formatos DAE (Collada), Flash 3D, JPS (JPEG estéreo), KMZ (Google Earth 4) y MPO (formato Multi-Picture).

Para exportar un fichero de imagen a un tipo de formato concreto, usaremos la opción *Archivo > Guardar como.* Veremos que existen diferentes opciones de guardado de archivos que dependerán de la imagen que se vaya a guardar y el formato de imagen seleccionado:

• Como copia: realizará una copia del archivo y a la vez mantendrá abierto el archivo actual en su escritorio.

• Canales alfa: almacenará la información de los canales alfa a la vez que guarda la imagen.

• Capas: guarda todas las capas de la imagen. Si la opción *Capas* está desactivada, las capas visibles se acoplarán o se combinarán.

• Notas: almacena las notas editadas junto con la imagen.

• Tintas planas: almacenará la información de los canales de tintas planas junto con la imagen.

Al exportar imágenes, deberemos tener en cuenta los tamaños de los ficheros. Photoshop admite imágenes de hasta 300 000 píxeles en anchura y altura, y proporciona tres formatos para guardar este tipo de imágenes. En versiones anteriores a Photoshop CS no se pueden gestionar archivos con tamaño superior a 2 GB o imágenes de más de 30 000 píxeles. Desde *Archivo > Guardar como* seleccionaremos:

- PSB: formato de documento grande. Permite imágenes de cualquier tamaño, aunque algunos filtros de *plugins* no están soportados si hay imágenes con un número de píxeles mayor a 30 000 en ambas dimensiones.

- RAW de Photoshop: permite documentos de cualquier tamaño o dimensión de píxeles. No admite capas.

- TIFF: permite imágenes de hasta 4 GB.

Realizar la exportación de capas

Photoshop admite exportar y guardar las capas de una imagen como ficheros independientes en varios tipos de formatos, incluidos PSD, BMP, JPEG, PDF, Targa y TIFF. La secuencia de pasos que se deben seguir para la exportación es:

a) Desde *Archivo > Secuencias de comandos > Exportar capas a archivos.* Se abrirá el cuadro de diálogo *Exportar capas a archivos.* Seleccionaremos una ubicación en el campo *Destino.* Por defecto, los archivos generados se almacenarán en la misma carpeta que el archivo de origen.

b) Se puede escribir un prefijo de nombre de archivo para especificar un nombre habitual para los archivos.

c) Seleccionamos la opción *Solo capas visibles* si se desea exportar solamente las capas visibles en el panel *Capas,* eliminando previamente la visibilidad de las capas que se no desean exportar.

d) Seleccionamos un formato de archivo en el menú *Tipo de archivo* y definimos las opciones que necesitemos.

e) Seleccionamos la opción *Incluir perfil ICC* si queremos incrustar el perfil de espacio de trabajo en el archivo exportado. Esta cuestión es importante en caso de flujos de trabajos gestionados con color.

f) Hacemos clic en *Ejecutar.*

Resumen

Este bloque de contenidos explora las principales herramientas de edición fotográfica, centrando el análisis en **Adobe Photoshop**. Se describe la **interfaz gráfica de usuario**, donde se encuentran **paneles esenciales** como *Capas, Color, Ajustes* y *Bibliotecas,* que permiten organizar y modificar imágenes con precisión. Se destacan **herramientas de selección**, como el *Lazo, Selección rápida* y la *Varita mágica*, para seleccionar y editar áreas específicas de una imagen.

Además, se explican las **herramientas de pintura**, como el *Pincel, Lápiz* y *Bote de pintura,* que perm ten aplicar colores y efectos sobre las imágenes. También se analizan los **filtros** disponibles, que permiten aplicar efectos visuales y texturas, como desenfoques o estilos artísticos.

El tema también aborda los **Neural Filters**, impulsados por la inteligencia artificial de Adobe Sensei, que facilitan retoques automáticos, como *Suavizar lc piel* y *Desenfoque de profundidad de imagen*. Además, se menciona el uso de **bibliotecas Creative Cloud** para acceder a activos gráficos en distintos dispositivos y la posibilidad de importar y exportar imágenes en formatos como **JPEG, TIFF, PSD,** que permiten mantener la calidad en proyectos profesionales.

Mapa conceptual

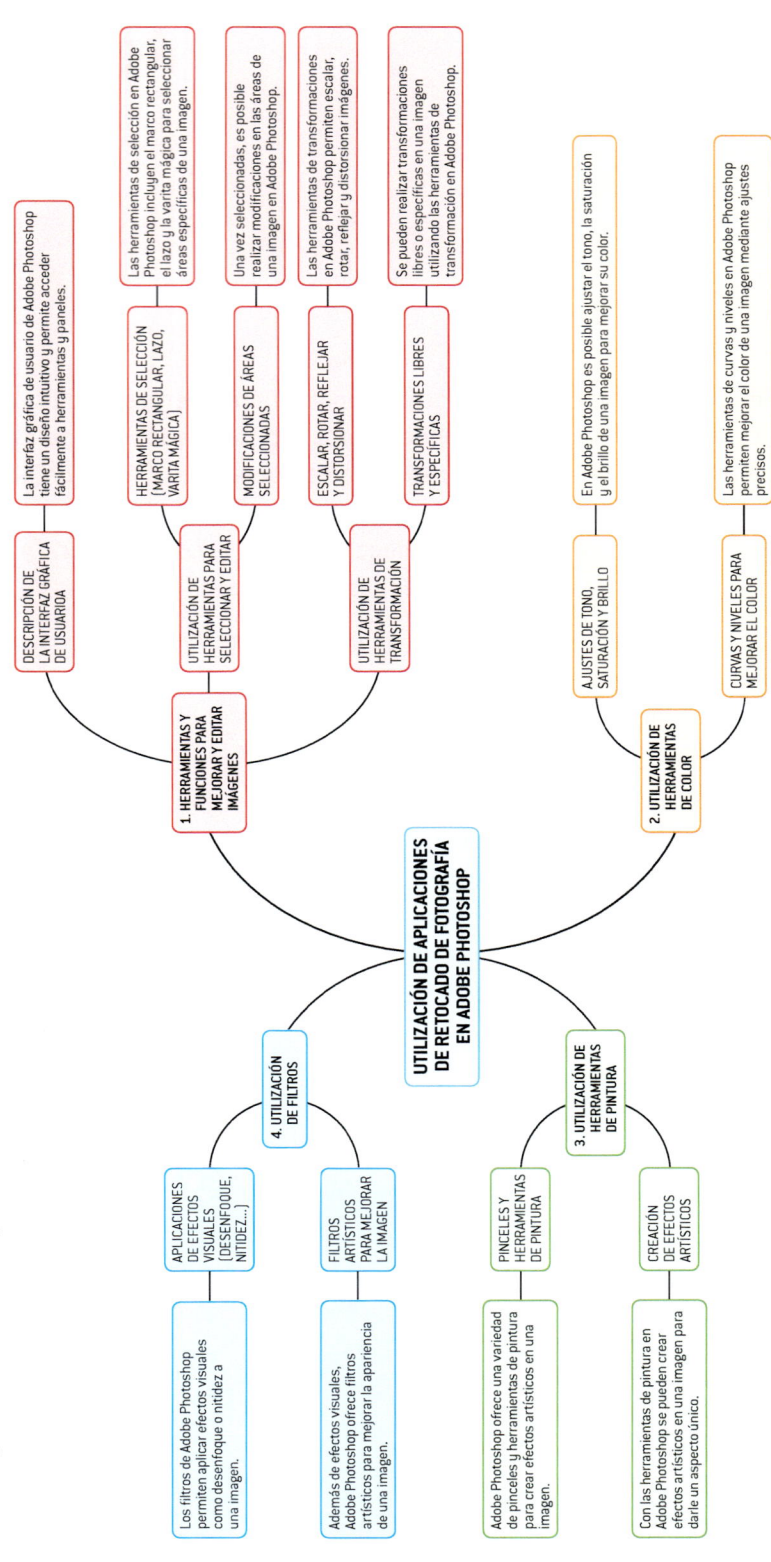

UTILIZACIÓN DE APLICACIONES DE RETOCADO DE FOTOGRAFÍA EN ADOBE PHOTOSHOP

1. HERRAMIENTAS Y FUNCIONES PARA MEJORAR Y EDITAR IMÁGENES

DESCRIPCIÓN DE LA INTERFAZ GRÁFICA DE USUARIO
- La interfaz gráfica de usuario de Adobe Photoshop tiene un diseño intuitivo y permite acceder fácilmente a herramientas y paneles.

UTILIZACIÓN DE HERRAMIENTAS PARA SELECCIONAR Y EDITAR
- HERRAMIENTAS DE SELECCIÓN (MARCO RECTANGULAR, LAZO, VARITA MÁGICA)
  - Las herramientas de selección en Adobe Photoshop incluyen el marco rectangular, el lazo y la varita mágica para seleccionar áreas específicas de una imagen.
- MODIFICACIONES DE ÁREAS SELECCIONADAS
  - Una vez seleccionadas, es posible realizar modificaciones en las áreas de una imagen en Adobe Photoshop.

UTILIZACIÓN DE HERRAMIENTAS DE TRANSFORMACIÓN
- ESCALAR, ROTAR, REFLEJAR Y DISTORSIONAR
  - Las herramientas de transformaciones en Adobe Photoshop permiten escalar, rotar, reflejar y distorsionar imágenes.
- TRANSFORMACIONES LIBRES Y ESPECÍFICAS
  - Se pueden realizar transformaciones libres o específicas en una imagen utilizando las herramientas de transformación en Adobe Photoshop.

2. UTILIZACIÓN DE HERRAMIENTAS DE COLOR

AJUSTES DE TONO, SATURACIÓN Y BRILLO
- En Adobe Photoshop es posible ajustar el tono, la saturación y el brillo de una imagen para mejorar su color.

CURVAS Y NIVELES PARA MEJORAR EL COLOR
- Las herramientas de curvas y niveles en Adobe Photoshop permiten mejorar el color de una imagen mediante ajustes precisos.

4. UTILIZACIÓN DE FILTROS

APLICACIONES DE EFECTOS VISUALES (DESENFOQUE, NITIDEZ,...)
- Los filtros de Adobe Photoshop permiten aplicar efectos visuales como desenfoque o nitidez a una imagen.

FILTROS ARTÍSTICOS PARA MEJORAR LA IMAGEN
- Además de efectos visuales, Adobe Photoshop ofrece filtros artísticos para mejorar la apariencia de una imagen.

3. UTILIZACIÓN DE HERRAMIENTAS DE PINTURA

PINCELES Y HERRAMIENTAS DE PINTURA
- Adobe Photoshop ofrece una variedad de pinceles y herramientas de pintura para crear efectos artísticos en una imagen.

CREACIÓN DE EFECTOS ARTÍSTICOS
- Con las herramientas de pintura en Adobe Photoshop se pueden crear efectos artísticos en una imagen para darle un aspecto único.